パリ・ソルボンヌ大学教授
フレデリック・ドゥロッフル著

フランス語の文

文法・統語論・文体論
の
総合的研究入門

山田　秀男　訳

駿河台出版社

Auteur: Frédéric DELOFFRE, Titre de l'édition originale: LA PHRASE FRANÇAISE publiée par Editions SEDES, Paris.

©1990 by Editions SEDES, Paris pour la septième édition

This book is published in Japan by arrangement with SEDES through le Bureau des Copyrights Français, Tokyo.

目　次

序 7

第 1 章
二，三の定義　文法，言語学，文体論および文献学 9
 文　法 9
 言語学 11
 文体論 12
 文献学 13

第 2 章
文：定義，総論 15

第 3 章
主節と独立節 21
 定義の問題点 21
 叙　法 22
 名詞文 24
 節の構造 25

第 4 章
主語の語順 29
 状況補語の位置 29
 主語－動詞の語群 30
  a) 文頭の動詞 30
  b) 補語または属詞の後の倒置 32

直接補語と間接補語の位置 33
　　　　　a) 直接および間接補語代名詞のそれぞれの位置 34
　　　　　b) 命令法の場合 35
　　　　　c) 動詞＋不定詞の補語代名詞の場合 35
　　　語順と文の均衡 37

第 5 章
疑問文と感嘆文　挿入節 39
　　　疑問文 39
　　　　　a) 倒置の減少 40
　　　　　b) est-ce que の創造 40
　　　　　c) est-ce ... qui, est-ce ... que のさまざまな利用 41
　　　二重疑問 42
　　　感嘆文 42
　　　挿入節 43

第 6 章
従属節の分類 45

第 7 章
関係詞節 49
　　　関係詞節の言語学的性質 49
　　　関係詞節の配置 51
　　　関係詞という「道具」 52
　　　　　a) qui の系列と lequel の系列 52
　　　　　b) que の特殊用法 54
　　　　　c) 関係詞節の連結における quoi の特殊用法 56
　　　文中での関係詞節の位置 56

関係詞節の中での語順 57
　　関係詞節の特殊な意味 59
　　関係詞節の難しい点 60

第8章
補足節 65
　　補足節の性質 65
　　一致（照応） 65
　　« dire, croire, savoir, il est clair, certain, etc. »
　　　を意味する支えの語句に依存する補足節 67
　　間接話法と自由間接話法 68
　　間接疑問 71
　　現代フランス語における間接疑問 72
　　期待または希望，疑惑または無知
　　　などを表す支えの語句に依存する補足節 72
　　「意志決定」を表す支えの語句に依存する補足節 73
　　感情を表す支えの語句に依存する補足節 74

第9章
時を表す節 75
　　序　論 75
　　同時性 75
　　先行性 76
　　後続性 78
　　時を表す節の位置 80
　　時を表す節中での語順 80
　　主節中での語順 80
　　接続詞によらない時を表す節 81

第 10 章
原因節 83
- 原因節の道具 83
- 原因という概念の独特のニュアンス 85
- 原因従属節の位置 87
- 原因節中での語順 87
- 接続詞によらない原因節 88

第 11 章
結果節 91
- 総　論 91
- 結果節の道具 92
- 結果節中での叙法 92
- 結果を表す他の方法 93
- 結果節の位置 95

第 12 章
目的節 97
- 目的節の言語学的性質 97
- 接続詞による目的節で用いられる道具 97
- 接続詞によらない節による目的関係の表現 98
- 擬似目的節 99
- 目的節の位置 99
- 目的節中での語順 100

第 13 章
譲歩節 101
- 譲歩の概念の言語学的分析 101

接続詞による型の譲歩節 101
　　　譲歩は形容詞または副詞に及ぶ 104
　　　譲歩は代名詞または名詞に及ぶ 105
　　　譲歩節の位置 106
　　　譲歩節中での語順 106
　　　譲歩関係の他の表現方法 106

第 14 章
仮定節 109
　　　古典ラテン語の状態 109
　　　古フランス語初期の状態 110
　　　仮定体系の進化 112
　　　近代フランス語の仮定体系 113
　　　接続詞による他の(仮定)節 114
　　　動詞の省略を伴う接続詞 116
　　　並位または等位 116
　　　分詞または不定詞による仮定の表現 118
　　　関係詞節による仮定の表現 119

第 15 章
比較節 121
　　　比較節の言語学的性質 121
　　　全体的符合 121
　　　数量の符合 122
　　　質的な符合 123
　　　比較の度合い 123
　　　比例関係 124
　　　省　略 125

第 16 章
結　論 127
　フランス語の文の「法則」 127
　接続詞の曖昧さ 127
　語順と節の順序 128
　結合された文，分割された文，同列の要素 129

訳者あとがき 133

序

　現在の文学士コースの組織は，フランス語文法の「記述的かつ規範的」な教育を準備している。この教育に最も適しているように思われた文法分野は，さまざまな局面からの文の研究である。実際に，それは，「立派なフランス語」の重要な規則を思い出させてくれると同時に，学生たちに文体分析の手ほどきをし，彼らに，時にはその進化の中で，時には隣接する他の言語との関係において，フランス語のいくつかの特徴的な様相を見せてくれるのである。本書は，その〔書籍という〕表現形式に反して講義に近いものであり，進んだ学生たちやフランス語の教員たちも含めて，より多くの読者に興味を起こさせることができるであろうと，われわれは期待している。

第 1 章

二，三の定義
文法，言語学，文体論および文献学

文 法

　文法は——本来，ギリシャ語の語源によると，文の技法 (grammatikè technè) で——言語の慣用を説明する。文法は記述的なこともあり得るし，もし事実の単なる記述に，相対的な正しさに関する判断を付け加えると，文法は規範的となる。規範文法は，よい慣用と悪い慣用とが存在するという考えに基づいている。文法は，歴史的な面から，比較の面から，統計的な面から … 事実を扱うことができる。こうしたさまざまな見地は，全体的または個別的ないくつかの事実を説明するために，この講義の流れの中で時おり取り上げられるであろう。

　どのような言語事実が文法の支配下に入るのか疑問に思うことがあるということに留意しよう。もし私が二つの語——たとえば écouter と entendre ——の間の意味の違いという問題を提起すると，文法に関する事柄であろうか。伝統的には，文法という名の下に次のような分野を意味している。

- 音声学（音または音の結合の理論とその取り扱い）
- 語形論（語の「形」，とくに「変化する」語の形，フランス語の場合には動詞，実詞，形容詞，冠詞，代名詞）
- 語の形成（接頭辞または接尾辞付加による固有の派生，文法範疇の変更による偽派生）
- 統語論，これはさまざまな範疇の語の関係すなわち「構文」を研究する。

　文法という領域のこの定義は批判されてきた。この定義はもっともなものであろうか？言い換えれば，文法概念の内容は一つの定義によって明確化され得るであろうか？そうだと思われる。文法という名の下に一つの閉じられた体系

を構成するあらゆる事実が扱われるであろう。したがって，音声学に関しては，文法はフランス語の音（母音と子音）を扱うであろうが，これらの音が個人によって実現され得る無限に多様な方法には関わらないであろう。活用は，語形論の分野において，人称，叙法，時制の数が決められうる限りにおいて，語尾が網羅的に分類整理されうる限りにおいて，閉じられた体系の素晴らしい例を形成している。語彙に関して，文法が語の形成を取り上げるとすれば，ここでもまた，それぞれの言語が，語を形成するためのいくつかの手法，地域と時代によって変化するがしかしいずれの場合も限られた数の手法を使用しているからである。それはたとえば，

　接頭辞付加法 (venir, revenir),

　接尾辞付加法 (varier, variable),

　「偽派生」，すなわちある範疇から別の範疇への移行（bon 形容詞，le bon 実詞）。

これらの手法は時代と言語によって変わると，われわれは述べた。古フランス語は不定詞を容易に実詞化することができた（le dormir「眠ること」）；近代フランス語[1]はもはやこの可能性はないが，ドイツ語はこの可能性を保持している（der Regen「雨」と das Regnen「雨が降ること」を比較せよ）。英語は，われわれの現在分詞にあたる -ing 形を実詞化することができる（the training「トレーニング」），など。

同様に，統語論の場合には，お分かりのように，語の間の可能な結びつきは限られている。次のような変形あるいは交換は可能である。

　quand je sortirai, je vous verrai.
　「私が外出するとき，私はあなたにお会いしましょう。」

これを次のようにすることはできる：

　en sortant, je vous verrai.

しかし，

　quand je sortirai, vous me verrez.
　「私が外出するとき，あなたは私に会うでしょう。」

---

[1] 近代フランス語 le français moderne という呼称で，本書の著者が意味しているのは，いわゆる十七世紀以降のフランス語全般ではなく，広い意味での古典フランス語を除いた，十九世紀以降のフランス語のようである。[訳者注]

これを次のようにすることはできない。
> en sortant, vous me verrez.
> 「あなたは外出するとき，私に会うでしょう。」

したがって，より詳しい情報が得られるまでは，文法事項の伝統的な境界と分割を保持する立派な理由が存在するのである。

われわれとしては，ひとつの講義の範囲内にこうした事項の全体を抱え込むことはできないので，フランス文法の最も興味深い章の一つである文の研究にとどめるであろう。しかし，それに取り組む前に，立場の混同を避けるべく，文法に近い学問分野を意味するいくつかの用語を考察することはやはり有益である。とりわけ言語学，文体論，文献学という用語を取り上げたい。何が問題なのか？われわれはそこからどのような救援を期待できるのか？われわれがそれに頼りたいときに，どのような用心をすべきなのか？

言語学

言語学は，文法よりもより広い対象とより野心的な意図の科学 (science) である（もはや単なる教科 (discipline) ではない）。言語学は歴史的でありうる，そしてその場合には言語学は継起的な言語状態の考察から進化の一般的法則を引き出そうとするのである。言語学は比較的でありうる，そしてその場合にはできる限り数多くの言語の知識に基づいて，言語活動の仕組みまたは機能に関する一般的法則を——あるいは少なくとも全体の言語に有効な特徴を——引き出そうとするのである。

言語学は，今日，言語学者ではなくて，その精神または方法を文芸批評のような分野に適用できると考えている人びとにとっては特別な威光を帯びている。ほかの時代では，それは物理学，化学，自然科学あるいは数学であって，ある人びとは文学研究にそれらを利用できると思っていたのである。こうした誘惑は，言語学者たちに本気にされることはなく，かれらは人びとが言語学から特殊な用語（signe「記号」あるいは structure「構造」といった語は最も流行している。）を借りるだけであることを知っている。他方，もっとも偉大な言語学者たちは，言語活動の諸現象を分かりやすく記述することのできる共通項をなお模索中である。しかし，形ばかりの言語学に用心し過ぎることはないにしても，人間性を欠いた言語活動だけは除いて，比較言語学または歴史言語学は，

言語現象の実際的な知識に基づいて，文法に貴重な考え方を与えてくれることができるのは確かである。フランス語の独自の性格を，その他の文明語との関連において，ごく素直に理解したいと思う者には，ラテン語と少なくとも一つの生きた言語の確固たる知識が不可欠である。歴史言語学については，フェルディナン・ドゥ・ソシュールの弟子であるスイスの言語学者 (Séchehaye, Bally) 一派により引き出されたたいへん重要な見解の助けを，われわれはしばしば借りる必要があるだろう。すなわち，古いインド・ヨーロッパ語に固有な「退化」構造に対して，近代語とくにフランス語は，少しずつだが継続的に，そして常に同じ方向に進むことによって，既知から未知へ，ラテン語の regis filius「王の息子」をフランス語で置き換えた le fils du roi という例におけるように，限定されるものから限定するものへと移る「前進的」順序に置き換えつつある。

文体論

言語学の次は，文体論とは何か？それまで人びとが満足していた印象主義的な批判（この文体は明解である，重々しい，など）に代えて，「文体」の研究を確固とした明確な基盤の上に打ち立てようとしている最近の科目である（ほぼ 50 年以上は経っていない）。文体論は，言語というものはある考えを表現する手段を一つではなくいくつか持っていて，これらの表現方法の一つを選ぶことは，独特な文の調子・固有の表現力の豊かさ・独自の意図などに対応しているという考え方に基づいている。例えば，あなたが道をたずねる。相手があなたに答える：「三つ目の通りを左に行きなさい。」「三つ目の通りを左に行ってごらんなさい。」「三つ目を左に。」など。テクストの文体論研究は常に一定時期の一定の言語の表現力の正確な知識に立脚すべきである。さもないと，作家が書いている時代の言語の平凡な特徴であるものをその作家の独自の技巧のせいにするということがしばしば起こるのである。最近のどの科目もそうであるように，文体論は流行に敏感である。数年前に，文体論は統計的方法に満ちあふれた。しかし，容易にわかるように，統計は，多数の研究に立脚しており，同じものと考えられる対象しか考慮に入れないので，文体の研究にはほとんど適さないのであって，文体には特殊なものと簡略化できないものとが支配しているのである。基本的な用例しか取らないとすれば，実際の色彩を示す形容詞 (rouge「赤い」, noir「黒い」…) と派生的または比喩的な意味で用いられた同

じ形容詞（政治用語としての rouge「左翼の」，道徳的な意味での noir「不正な」，など）とを統計で同一視することができるだろうか？しかし，こうした過度の同化を拒否すれば，統計的な手法はどれもみな適用できなくなる。実際は，限られた明確に規定された場合にしか統計には頼らないのが賢明である。

　もし統計学が流行から去ったとしても，文体論は今や擬似言語学あるいは擬似精神分析学に侵略されている。文体論がそこから抜け出し自立した有効な科目として肯定されるのは，文体論が具体的な問題を解決する限りにおいてのみである。「文体論研究家」が，あるテクストをコルネイユあるいはラ・フォンテーヌよりもむしろラシーヌのものとして客観的に特定することのできる文体の特徴を規定したときに，個人的な文体が存在しそれに取り組むための具体的な方法をもっていることを証明したことになるであろう。この成果を得ることのできる唯一の手段は，歴史的に規定された言語活動の実際的な知識である。

文献学

　そして，このことはわれわれを最後の概念，学生たちにとっては少々恐ろしい文献学の概念へと導くのである。文献学は実際，文献学的学問が一世紀半前から体験した発達のゆえに曖昧である。本来，文献学はわれわれを文学テクストに近づける科目全体である。というのは，人びとが時として信じていることとは違って，こうしたテクストへの接近は媒介なしではない。われわれの現代文化自体が，全ヨーロッパを覆い三千年近くも前から続く広大な文化的サイクルの一つの時期でしかない。この全体のまとまりは，文学テクストの伝達――まず初めは書写され，ついで印刷されて――とその理解とに立脚している。

　さて，伝達と理解というこの二つの用語は，無数の困難を予想させる。古い写本は失われ，損傷してしまった。それらは誤りを含んでいて，そうした誤りは新しい複製が作られるたびに増加していった，など。理解については，言語，体制，慣習などの変化によってあやふやなものとなったのであり，もしもこうした変化から古いテクストへの接近を守るために絶大な努力が学者や教育者によってなされなかったら，この変化は古いテクストを「死んだ文字」にするであろう。人びとが長い間文献学の名を与えてきたのは，利用された科目全体（言語の歴史，テクスト伝承の歴史，全般的歴史，など）に対してである。事態を複雑にしたのは，十九世紀にドイツ語学者たちが，自分たちが校訂刊行していたテクスト（ニーベルンゲンの歌，ミンネザング）の源を探求し，同時に

その言語を理解することに没頭して，古代インド・ヨーロッパ語を，比較の方法で再構成しようという気になったことである。この古代インド・ヨーロッパ語は，ゲルマン諸語，ラテン語，ギリシャ語，サンスクリット語などの根底にあったものである。この時以来，文献学はそれ自体で科学となった——比較によって再構成された言語の文法すなわち比較文法——のであり，もはや以前のように文学理解の補助手段ではない。思うに，今日われわれは文献学の古典的概念に立ち戻るべきであり，「古」文献学と「新」文献学という用語を用いるのは正しいと思うのである，というのは現代のテクストの理解は，時として古代のテクストの理解と同じように難しいからである。

むすび

したがって，文法，言語学，文体論および文献学は，多かれ少なかれ共通する対象をもっているのであり，それは人間の言葉である。ごくおおざっぱに言って，文法は所定の言語の規則と慣用を規定し，言語学は言語活動の科学に到達しようと努めており，文体論は個人に固有の言語能力すなわち話し方に関心があり，最後に文献学は，文学テクストの理解を目指す科目——何よりもまず言語に関する科目——の総体である。これらの概念を明確にしたので，われわれは研究の対象であるフランス語の文に取り組むとしよう。提起された問題に関して，基本的には文法的な面からであるが，しかし時には，言語学的，文体論的あるいは文献学的な観点も拒むことなしに，取り組むであろう。

第 2 章

文

定義，総論

文はまとまった意味を表す最小の発話である。

この定義は漠然としていると思われるかもしれない。1°) この定義は，「ピエール！」のような呼びかけタイプのただ一語の発話に当てはまるのか？然り。この発話はそれだけで十分であり，聞き手に対して発話者によって抱かれたまとまった考えを表しているから。2°) 別の種類の難しさ。次のような発話があるとしよう：«Vous êtes au travail depuis une heure, et vous n'avez encore rien fait.»「あなたは一時間前から仕事についている，そしてまだ何もしていない。」この発話は一つの文を表しているのかそれとも二つか？そして何故か？「二つ」と答えたくなるかもしれない。«Vous êtes au travail depuis une heure» という発話は，まとまった意味を表しているから。そうかも知れないが，それは話者によって抱かれた考えについてまとまった発話ではない。それを証明するのは，イントネーションである。«depuis une heure» の後で切ると，イントネーションは「宙ぶらりん」のままであって，途中停止的である。これに反して，«Vous n'avez encore rien fait» の後では，イントネーションは決着的である（低い）。したがって，気づくことは，「話者によって抱かれた考えについてまとまった発話」に対して，非常に重要な形の上の基準が対応している。イントネーションであって，文の構造の直接的で持続的な反映である。最後に，書き言葉においては，こちらではイントネーションが識別記号で表される：点は決着的イントネーションを示す。コンマ，セミコロン，コロン，感嘆符および疑問符は途中停止的イントネーションのさまざまな変種を表している。

文の概念は，歴史的観点から考察されることも可能である。どのようにして文は生まれたのか？どのような段階を経て，文は分化し，たとえばプルースト

の作品のようなとても複雑な文に到達したのか？実際に，この研究ができるのは，厳密に言うと，書かれた資料を利用するようになってからのことである。こうして，人びとはホメロスのギリシャ語以来の関係詞節の成り立ちを研究することができた。ホメロスのギリシャ語では，関係詞節は挿入節と呼ばれるものとほとんど区別されない：この段階では，«l'homme que vous apercevez est mon frère»「あなたが見かけた男は私の兄(弟)です」という文はほとんど«l'homme – vous l'apercevez – est mon frère»「その男—あなたは彼を見かけたが—はわたしの兄(弟)です」という型である。不幸にして，文の進化の先行段階はほとんど証明されていない。ところが，ホメロスの文はすでにこの進化の非常に進んだ段階を表しており，初期の状態よりも現代の状態に限りなく近いのである。

しかしながら，最も進化した動物種のコミュニケーション体系のような最も初期の言語の検討から引き出すことのできる情報は，事態を次のように考えさせるのである。

元来，言語活動は叫び声である（多分，初めのうちは身振りを支援しての），それが徐々に分化していく。あるいく種類かの猿は，いくつかの正確な状況（危険，呼びかけ，食べ物の情報，水の情報，など）に対応する二ダースほどの分化した叫び声を含むコードを使っている。この段階は，われわれが間投詞と呼んでいるものにほぼ対応している。間投詞から語への移行は非常に長かったに違いない。言語学者たちにとっては，これら二つの場合は，「一項レーマ」«monorhème»（ギリシャ語の monon「単一」と rhêma「言葉」から）と呼ばれるタイプの発話の問題である。いくつかの状況で，現代人は一項レーマによる発話を見出す：単純な叫び声（Oh !「オー！」，aïe !「あ痛っ！」），呼びかけ（Pierre !「ピエール！」），罵声（imbécile !「馬鹿者！」），不安（ma clé !「わたしの鍵は！」），などである。われわれがなおしばしば見るであろうことは，感情の発露はどれもみな言葉を初期の形に戻すということである。最も文学的な言語でも，時折一項レーマに頼るのは驚くには当たらない。

例：O rage ! ô désespoir ! ô vieillesse ennemie ! (Corneille, Le Cid, I, 4)
「ああなんという怒り！なんたる絶望！おお不吉な老年よ！」
(コルネイユ，『ル・シッド』，一幕四場)

O souvenir ! printemps ! aurore ! (V. Hugo)
「おお思い出よ，春よ，暁よ！」(V. ユゴー)

これに続く段階では，文はもはや一つの要素ではなく，二つの要素を含んでいる：それが「二項レーマ」«dirhème» と呼ばれるものである。
　例：excellent, ce café !「素晴らしいね，このコーヒーは！」
最初の時点では，話者は言いたいこと——言語学者の用語で述語と呼ばれるもの——を表現する。次の時点で，話者は自分が話題にしていること，すなわち主題を出すのである。発話のこの順序は頭の中に考えが浮かぶ順序に対応している。聞き手にとっては，**逆行的な**順序である。確かにこの順序は，二番目の辞項が聞き手に最初の辞項のキーポイント (ce café) を提供するまで，最初の辞項 (excellent) を記憶しておくことを聞き手に要求する。逆に，この順序は思考の自発的な発露に対応しているので，詩的な順序であり，情緒的な動きに最も近いのである。

　留意すべきことは，フランス語ではまだ二項レーマを用いるが（finies les vacances「終わった，ヴァカンスが」，morte la bête, mort le venin「獣が死んだら，その毒は消える」），このタイプの文 (bagatelle, cela「つまらんことだよ，そんなこと」) がしばしば含んでいる文法的な断絶に対する一種の嫌悪感から，この種の発話において，フランス語はさまざまなやり方で行われる一種の略式構成を発達させたのである。

– bagatelle *que* cela ;「つまらんことだよ，そんなことは」
　ce ne sera jamais un héros *que* mon Renzo. (Musset, *Lorenzaccio*) ;
　「決して英雄にはならないよ，わたしのレンゾは」
　　　　　　　　　　　　　　（ミュッセ，『ローレンザッチオ』）
– bien mystérieuses origines *que* celles de Figaro !（新聞記事）;
　「とても不思議な起源だ，フィガロの起源は」
– cet imbécile *de* Pierre !　　quel amour *d'*enfant ;
　「馬鹿者だな，ピエールは！」「なんて可愛いいんだ，子供は！」
– et ma fenêtre *qui* n'est pas fermée !
　「でわたしの窓は，閉まってないよ！」

考えられることは，これらいくつかの道具 de, que, qui は，これらが元来は分析可能な機能をもっていた言い回しから来ているということである。De は，la ville de Paris「パリ市」，le mois de mars「三月」のような言い回しから一般化されたようであり，こうした言い回しの原型は俗ラテン語に遡る。Que は属詞の機能の関係詞であったに違いない：Ce ne sera jamais un héros que mon

Renzo (sera). 最後に qui は，voilà ma fenêtre qui n'est pas fermée. のような言い回しから引き出されたものであろう。

　発生の観点にまた戻ると，逆行的要素連続の二つの辞項をもつ文（二項レーマ）からの進化は，二つの方向に従って起こったようである。一方では，発話が，新しい要素を含まずに逆にされた可能性があり，主題が述部の前に移った。古代インド・ヨーロッパ諸語，そしてさらにセム語族は，表明された連結動詞なしで，主語と属詞だけをもつ文を含んでいる。こうした文は，次のようなタイプのものが見られるとはいえ，フランス語ではまれである：

　　Se confier ainsi au premier venu, folie.
「このように最初に来た者を信頼するとは，ばかげたことだ。」
あるいは，文学的な用例を引くなら：

　　Ne songer qu'à soi et au présent, source
　　d'erreur dans la politique. (La Bruyère)
「自分のことと現在のことしか考えないとは，
政治においては失策の源だ。」（ラ・ブリュイエール）

　もうひとつの進化の形は，文の中で要の役・蝶番の役目を果たすことのできるような性格をもった文法範疇を創りだすことであった：動詞である。それ以来，文は結び付けられ，組織されて，それぞれの辞項は機能の観点から分析されることが可能となる：

　　Halt sunt li puiz. (*Chanson de Roland*)
　　(= Hauts sont les monts.「高きは山々なり。」『ローランの歌』)
　　（属詞，動詞，主語）
　　La neige est blanche.「雪は白い。」
　　（同じ要素，前進的な要素連続に従った配列：主語，動詞，属詞）
　　Pierre apporte un livre.「ピエールは本を持ってくる。」
　　（主語，動詞，「直接」目的補語）
　　Pierre apporte un livre à son ami.
「ピエールは本を友達に持ってくる。」
　　（主語，動詞，直接目的補語，間接目的補語）など。

　しかし，必ずしも文は，通常は動詞によって表される唯一の過程 (processus) の発話からなるわけではない。文はいくつかの過程を含むことがあり，それら

は，
　—時には並置されるであろう：
　　je suis venu, j'ai vu, j'ai vaincu.「わたしは来た，見た，勝った。」
　—時には等位にされるであろう：
　　je suis allé vous voir, et je ne vous ai pas trouvé.
　　「わたしはあなたに会いに行った，でもあなたを見つけなかった。」
　—時には，そしてこれだけが後の段階であるが従属されるであろう：
　　Comme je ne vous ai pas vu, je suis parti.
　　「わたしはあなたに会わなかったので，立ち去った。」
　　Ne vous trouvant pas, je suis parti. etc.
　　「あなたを見つけなかったので，わたしは立ち去った。」など
この種の場合は，文がいくつかの節を含んでいると言われる。

　最後に，われわれが近代フランス語において知っている文が，徐々に生まれてくることができたその仕方に関するこの理論的概観の仕上げとして，これらの文はさまざまな様式に従って引き継がれていくことをさらに見ておこう。節として，文は等位接続にされることが可能である。文はまた単純に互いに並置され得る。そのとき，文の間の脈絡はしばしば共通の要素を利用して付けられる。たとえば，ラ・ブリュイエールの次の一続きの文において：

　　　La vie est un sommeil : les vieillards sont ceux dont le sommeil a été le plus long ; ils ne commencent à se réveiller que quand il faut mourir.
　　　「人生は睡眠である。老人とは睡眠が最も長かった人びとである。彼らは死ななければならないときにようやく目を覚まし始める。」

　二番目の節は，sommeil という語の繰り返しによって最初の節に結び付けられている。そして三番目の節は vieillards という語の繰り返しによって，あるいはむしろ代名詞 ils によりこの語を表示することによって，二番目の節に結びついている。

　時代によって，言語の型，文の構成および脈絡の様式は変わっていく。話し言葉，あるいはそれに近い表現様式（たとえば，武勲詩の言語）は従位よりも並位を好み，共通要素の繰り返しによる脈絡，すなわち主題によるつながりに愛着をもっている。文の構成要素の検証は，その脈絡様式の検証と同様に，文体研究の重要な局面をなしている。

第 3 章

主節と独立節

定義の問題点

　学校文法，さらにはより高度な文法でさえも，ときには「人称法のある動詞」が存在する場合しか節は存在しないと考えている。この定義はおそらくあまりにも狭すぎるであろう。この定義では，次の例において，分析すれば文全体について一つの節しか現れないことになるであろうが，それは容認し難いことである：

　　　Il ne savait que répondre.
　　　「彼は何と答えたらいいか分からなかった。」
　次の場合も同様である：
　　　Antoine, ô cher Antoine, Antoine ma moitié,
　　　Si Antoine n'eût eu des cieux l'inimitié.　(E. Jodelle, *Cléopâtre captive*)
　　　「アントワーヌ，ああ愛しいアントワーヌ，わが夫アントワーヌよ，
　　　もしもアントワーヌが神々の反感をもたなかったなら。」
　　　　　　　　　　　　　　　（E. ジョデル，『囚われのクレオパトラ』）
　　　Le sable atteint la bouche, silence !
　　　Le sable atteint les yeux, nuit ! (V. Hugo)
　　　「砂が口に達する，沈黙だ！
　　　砂が目に達する，暗闇だ！」（V. ユゴー）
　次のような発話に「節」の名を拒むこともまた難しい：
　　　Grenouilles aussitôt de sauter dans les ondes.
　　　　　　　　　　　　　　　(La Fontaine, *Fables*, II, 14)
　　　「蛙はすぐに波間に飛び込んだ。」
　　　　　　　　　　　（ラ・フォンテーヌ，『寓話』，二巻，十四話）

あるいは，次のミュッセの文の中の comment faire にも：
　Il lui fallait s'inquiéter de tout, dire sans cesse :
　«Celui-là est pauvre, celui-là est ruiné ; comment faire ?»
(Musset, Lorenzaccio)
「彼はすべてに気をつかい，たえずこう言っている必要があった：
　あの人は貧しい，あの人は破産してます；どうしたらいいでしょう？」
（ミュッセ，『ローレンザッチオ』）

　したがって，われわれは，行為，状態，判断といった一つの «processus»「過程」を表している発話に節という名を与えるであろう。その過程が論理的な文の形で表されていようと，あるいはまた，前の課で検証した論理以前の形で表されていようともである。もちろん，困難な問題が現れるだろう。われわれは，節という用語を，そうすることが当然であり必要である場合にしか拡大しないことによって，それらを解決すべく努力するであろう。

　そう仮定したら，主節によって提起される諸問題を検証することにしよう。まず叙法の問題，それから構造の問題である。

叙　法

　現実と考えられる過程を述べるときは，主節あるいは独立節は通常，直説法に置かれる：
　　Il pleut.「雨が降る。」
否定された過程を現実として提出できることに留意しよう：
　　Il ne pleut pas.「雨が降らない。」
　願望，希望，命令と考えられる過程は，接続法によって表され，あるいはまた，単数または複数の二人称か複数の一人称に関する場合は，命令法によって表される。古い慣用では，接続法は単独で用いられることが可能であった。近代フランス語では，接続法は通常，「支えとなる語」 que を伴う。比較してみよう：
　　Vive la France !「フランス万歳！」
　　Diable emporte si j'ai voulu dire cela !
　　(ou : que le diable m'emporte si ...)
　　「私がそんなことを言うのを望んだなら，悪魔にさらわれてしまえ！」

第3章　主節と独立節

Vienne, vienne la mort, que la mort me délivre. (V. Hugo)
「来てくれ，死よ来てくれ，死が私を自由にしてくれますように！」
(V. ユゴー)

アポリネールの次の詩句も同じように解釈すべきである：
Vienne la nuit, sonne l'heure
Les jours s'en vont, je demeure
「夜よ来い，時の鐘よ鳴れ
日々は過ぎ去り，私は残る」

これらの例でお分かりのように，接続法の動詞はしばしば主語の前に来るのであり，とりわけ que がないときにはそうである。この注釈は，このあとでわれわれの二番目の論点へとわれわれを導くであろう。しかし，他の叙法，すなわち不定法と条件法とが主節に見出される可能性があることをまず観察しよう。

上で引用した例文を再び取り上げると，気付くことは，不定法が対応しているのは：

- 時には直説法に：grenouilles aussitôt de sauter dans les ondes (La Fontaine),
- 時には願望の接続法に：voir Naples et mourir「ナポリを見て死にたい」,
- 時には「自問形」に。この自問形をいくつかの言語は接続法で表し，他のいくつかの言語は，フランス語の言い回しに比較し得る表現によって表す：
  比較してみよ： que faire？「何をすべきか？」（フランス語）
  　　　　　　　 quid faciam？（ラテン語）
  　　　　　　　 was soll ich tun？（ドイツ語）
  　　　　　　　 what to do？（英語）

不定法が，現実的事実の発話と，願望・予想の過程（「意志決定」）の発話というこの二つの対立する意味を表すのに適しているとするなら，それは不定法が純粋状態の動詞的過程を表していて，それを現実化する，つまり現実の中，時間の中などにそれを位置づけるためのいかなる正確な点もないからである。したがって，表現される「法態」[(1)]をそのつど規定するのは，文脈とイントネ

---

(1) 叙法が，厳密に言えば，さまざまな「時制」を含む語形の体系であるのに対して，法態はごくおおざっぱにであるがしかし簡潔に言えば，過程と現実との間に設定される関係として定義され得る。

ーションである。

名詞文

最後に，動詞が節の中で欠けていることがあり，その場合の節は時おり「名詞文」と呼ばれる。上で引用したヴィクトル・ユゴーの例のように，時として文の内部の節の問題であるにもかかわらずである：

> Le sable atteint la bouche, silence.
>
> Le sable atteint les yeux, nuit !

名詞文は，マリヴォーの喜劇（『偽りの告白』）の次の台詞におけるように，しばしば否定形で現れる。

> J'eus beau lui crier :« Monsieur !» Point de nouvelles.
>
> （すなわち：il ne me répond pas.）
>
> 「私は彼に「ムッシュー！」と叫んだが，返事がない。」

普通の節の中では動詞によって表される過程が，名詞文では動詞的実詞によって表されることが頻繁にある。セヴィニェ夫人の手紙の次の一節の中にその例が見られるであろう：

> J'ai été à cette noce de Mlle de Louvois : que vous dirai-je ? Magnificence, illustration, toute la France, habits rabattus et rebrochés d'or, pierreries, brasiers de feu et de fleurs, embarras de carrosses, cris dans la rue, flambeaux allumés, reculement et gens roués ; enfin le tourbillon, la dissipation, les demandes sans réponses, les compliments sans savoir ce qu'on dit, les civilités sans savoir à qui l'on parle, les pieds entortillés dans les queues (29 novembre 1679).
>
> 「私はルーヴォア嬢のあの婚礼に行ってきました：あなたに何を言ったらいいでしょう？豪華，輝き，全フランス，折り伏し縫いと金で錦織りをした衣服，宝石類，火と花の炎，四輪馬車の当惑，通りでの叫び，火のついた松明，後ずさりと疲れきった人びと；最後に，人びとの渦，消散，返事のない質問，何を言っているのか分からない賛辞，誰に話しかけているのか分からない挨拶，服のトレーンが巻きついた足。」
>
> （1679 年 11 月 29 日）

Cris dans la rue は «on crie dans la rue» に等しい。しかし，他のところでは動詞的観念を表しているのは過去分詞である（gens roués 「へとへとに疲れた人びと」）。ほかの時には，何の動詞的観念も存在しないで，il y a か c'est を補う必要がある（例：toute la France）。さらに，ラ・ブリュイエールの次の二つの例を見よう：

　　A la cour, à la ville, mêmes passions, mêmes faiblesses.
　　「宮廷に，町方に，同じ熱狂，同じ弱さ。」
　　Otez les passions, l'intérêt, l'injustice,
　　quel calme dans les plus grandes villes.
　　「熱狂，利益，不正を取り除いてみなさい。
　　最も大きな都市でもどんなに平穏になることだろう。」

　きわめて多様な形で，名詞文はしばしば文体研究に応じている。最も頻繁に，作家は，観念に何も付け加えることなしに表現を重くするであろうものを削除するのである。

節の構造

　節の構造というとき，節はいろいろ違った機能を果たすいくつかの要素で構成されていることを意味している。その機能とは，まず主語（過程がそこから発するかまたはその過程を受けるかする辞項を表している）の機能であり，動詞の機能で，過程を表しており，直接目的補語（過程がその行為を及ぼす辞項を表している）の機能である。もっと先へいく前に，これらの定義はよりいっそう文法的な考察によって補足されなくてはならないことを観察しよう。動詞は主語と一致する。すなわち両者は同じ数に置かれ，主語はまた動詞の人称を規定する。これに対して，目的語はただ支配されるだけであり，このことはあまり緊密でない一タイプの文法的関係を表すものである。これら三つの辞項によって構成された文の例：

　　　Le sable atteint la bouche. 「砂が口に達する。」

　動詞はさらに間接目的語すなわち第二目的語によって補足されることがある（il donne un livre à un ami 「彼は本を友人にあげる」）。フランス語では，動詞に前置される代名詞形の問題でなければ (il me le donne, il le lui présente)，この補語は通常，前置詞によって導かれる。

　状況補語は，過程との結びつきがより緊密でない辞項を表している。その位

置が直接目的補語よりも，あるいは間接目的補語よりもさえ自由であるのはそのためである。人びとは次のように言うであろう：

 Il a apporté un livre à son ami le premier janvier.
 「彼は本を友人に一月一日に持ってきた。」

または，

 Le premier janvier, il a apporté un livre à son ami.
 「一月一日に，彼は本を友人に持ってきた。」

または，

 Il a apporté le premier janvier un livre à son ami.
 「彼は一月一日に本を友人に持ってきた。」

状況補語はふつう前置詞によって導かれる (Il offre un livre à son ami pour sa fête.「彼は本を友人に霊名の祝日のお祝いにあげる。」)。しかし，前の例で見たように，とくに時の状況補語は前置詞なしで現れることがある。状況補語の働きで，二つの代名詞－副詞 en と y もまた見られ，これらは前置詞なしで用いられる (il en vient.「彼はそこから来ている。」)。

 文中の辞項の機能一覧表を完成させるためには，まだ属詞の機能を定義することが残っている。属詞は，繋合動詞と呼ばれるあるいくつかの動詞 (être, paraître ..., rester ..., se nommer ...) を介して実詞（またはそれと等価の辞項）に付与された資質を表す。最も頻繁な主語の属詞と並んで，目的語の属詞も見られ，これは nommer, trouver, traiter de ..., などのような動詞によって導かれる。主語の属詞と目的語の属詞それぞれの例：

 Chez nous, le soldat est brave, et l'homme de robe est savant.
(La Bruyère)

 「わが国では，兵士は勇敢であり，法律家は学識がある。」
（ラ・ブリュイエール）

 Peut-être qu'Alexandre n'était qu'un héros et que César était un grand homme. (id.)
 「おそらく，アレキサンダーは英雄でしかなく
 そしてシーザーは偉人だったのだ。」（同上）

 Drance veut passer pour gouverneur de son maître. (id.)
 「ドランスは，自分の師の養育係とみなされたがっている。」（同上）

Vous le croyez votre dupe : s'il feint de l'être, qui est plus dupe, de lui ou de vous ? (id.)
「あなたは彼をだましたと思っている。もし彼がだまされたふりをしているのなら、誰がよりだまされやすいのか、彼かそれともあなたか？」
(同上)

　われわれがこれまで行った記述は、節の辞項の分析によって提起される諸問題を論じ尽くすことからはほど遠い。しかしながら、ここではこれで十分であろう、なぜならわれわれの目的は、文の下位単位の研究よりはむしろ文の研究にあるのだから。そうした下位単位に関してわれわれが扱わなければならない問題は、下位単位それぞれの順序の問題である。それは次の章で扱う対象であろう。

第 4 章

主節の語順

状況補語の位置

　状況補語は，すでに触れたように，文中においてある種の自立性をもっている。その結果，状況補語の位置は，節のその他の要素の位置よりも比較的自由である。いわゆる「論理的な」，すなわち被限定詞から限定詞へいく語順によれば，状況補語はその他の補語の後に来るべきであろうが，行為が繰り広げられる枠組み——空間的または時間的な——を想起させるために，それを文頭に置くことがしばしば起こる可能性がある：

　　Aux champs, la nuit est vénérable,
　　Le jour rit d'un rire enfantin. (V. Hugo)
　　「田園では，夜は敬意を払うべきものであり，
　　昼は子供っぽく笑っている。」（V. ユゴー）

他の状況補語は，文頭で強調され得る：

　　Pour la France et la République,
　　En Navarre nous nous battions. (id.)
　　「フランスと共和国のために，
　　ナヴァールでわれわれは戦っていた。」（同上）

主語が名詞であれば，状況補語はまた主語と動詞の間に置かれることもある：

　　Orphée, au bois du Castyre,
　　Ecoutait, quand l'astre luit
　　Le rire obscur et sinistre
　　Des inconnus de la nuit. (id.)
　　「オルフェは，カスティールの森で，

夜の見知らぬ者たちの
曖昧で不吉な笑いを，
月が輝くとき，聴いていた。」（同上）

　状況補語がなお見いだされる可能性があるのは，主動詞とそれにかかる不定詞の間，助動詞と過去分詞の間，動詞と属詞，あるいは動詞と実主語の間である。例：

　Il n'y a rien à la cour de si méprisable qu'un homme qui ne peut contribuer en rien à notre fortune. (La Bruyère)
「宮廷では，われわれの立身出世に何も貢献することのできない人ほど軽蔑すべきものはない。」（ラ・ブリュイエール）

　状況補語は，とりわけ，文の均衡を変えるために位置を変えることのできる節の要素である。それは，上で引用したすべての用例について立証できることである。

主語—動詞の語群

　動詞は，それが一致する主語と，それが支配する補語との間のつながりを確保して，動詞の位置は節の構成全体を制御する。

　フランス語の習慣的な，正常な順序が，S. V. の順である。主語は，まず初めに知らされて，論理的に最初に置かれる。次いで動詞が来て過程を表す。

　主語の倒置は古い統語論の重要な事象であった。これは，近代ドイツ語におけるように，文が補語で始まると直ちに生じていた。倒置された主語が代名詞だったときは，それは削除されていた。さまざまな理由から，その理由の中で語尾変化の消滅はおそらく二次的な因子でしかないであろうが，この主語の倒置は，近代フランス語ではいくつかの特殊な場合に制限された。

a) 文頭の動詞

　倒置は動詞を絶対的な初頭におく。われわれは，動詞が接続法のときに，すでにその用例に出会っている：

　Vienne, vienne la mort, que la mort me délivre. (V. Hugo)
　Vienne la nuit, sonne l'heure. (Apollinaire)

　倒置は，これらの表現を特徴づけている強い感情によって説明される：逆行的な順序が自然に取り入れられるのである。しかしながら，注意すべきは，主

語が代名詞であれば，que なしですまされないと同様に，倒置されないことである：《Qu'il entre !》「彼は入りなさい！」

　別の興味深い場合：倒置は，前にあることとの連結の効果（もっと頻繁には断絶の効果）に対応している：

　　Restait cette redoutable infanterie de l'armée d'Espagne. (Bossuet)
　　「残っていたのは，スペイン軍のあの恐ろしい歩兵隊であった。」
（ボスュエ）

　　Les mois coulaient lentement. Vint l'automne. (Alain-Fournier)
　　「月日はゆっくりと流れていった。来たのは秋。」（アラン＝フルニエ）

時おり，断絶または対立の効果は，後に続くもので生み出されることがある。アポリネールの次の詩句を説明すべきは，おそらくそのようにであって，この中では passent はたぶん——読者にとってそうでなくとも，作者にとっては——接続法ではなく，直説法であろう：

　　Passent les jours et passent les semaines,
　　　　　Ni temps passé
　　　　　Ni les amours reviennent.
　　「日々は過ぎ去り，幾週も過ぎていく，
　　〔だが〕過ぎ去った時間も恋も戻っては来ない。」

倒置は，いくつかの特殊な文体に現れる：定義の文：

　　Est dit triangle équilatéral un triangle
　　　　Dont les trois côtés sont égaux.
　　「正三角形といわれるのは，三辺が等しい三角形である。」

〔脚本の〕ト書き：

　　Entre le comte. 「入ってくるのは伯爵。」

次のようなある種の文学的倒置は，おそらくこのト書きのようなタイプに結びつけられるべきものであろう：

　　Tout à coup une porte s'ouvre : entre sclencieusement
　　　　le vice appuyé sur le bras du crime : M. de Talleyrand
　　　　soutenu par M. Fouché. (Chateaubriand)
　　「突然扉が開く：静かに入ってくるのは悪徳であって，罪悪の腕に寄りかかっている：つまりフーシェ氏に支えられたタレイラン氏である。」
（シャトーブリアン）

b) 補語または属詞の後の倒置

　文が属詞，補語，副詞で始まるときは，倒置は，ドイツ語のように，古フランス語では頻繁であったし，あるいは普通であった。

　古フランス語では，属詞はしばしば文頭にあり，これは主語の倒置を引き起こす：

　　Bels fut li vespres e li soleilz fut cler.
　　(«Bel était le soir, et le soleil était clair.») (*Chanson de Roland*)
　　「美しきは夕べ，そして太陽は明るかった。」(『ローランの歌』)

今日，この構文は，アンドレ・ジッドの『地の糧』の次の一節のような詩的な文体でしか，もはやほとんど出会うことはない：

　　Ah ! douce est l'herbe du Sahel ; suaves sont les odeurs de tes jasmins.
　　「ああ，柔らかきはサヘルの牧草よ；甘美なるは君がジャスミンの香りよ。」

同じように，直接または間接目的補語が文頭にあることは，古フランス語では倒置を引き起こしていた：

　　Dis blanches mules fist amener Marsilies. (*Chanson de Roland*)
　　「十頭の白い雌ラバを，マルシルは連れてこさせた。」(『ローランの歌』)

近代フランス語で動詞の前に置かれた補語が見られるいくつかの場合は，次の例でそれが判断できるように，もはや倒置を含んでいない：

　　A son fils il donna un jouet, à sa fille une poupée.
　　「息子には，彼はおもちゃを与え，娘には人形を。」

しかしながら，前回見たように，状況補語といくつかの副詞はまだとかく節の初頭に置かれる。そしてその時にはなお倒置の場合が見られ，自然体のフランス語では明らかに後退しているとはいえ，立派なフランス語ではこれは時として義務である。

　Aussi, encore, peut-être, sans doute, vainement は，なお主語代名詞の倒置を引き起こしている：

　　Encore faut-il savoir si ...
　　「やはり・・・かどうか知る必要がある。」

もし主語が名詞であれば，倒置は特殊な型になる：

　　Peut-être votre ami viendra-t-il le voir.
　　「おそらくあなたの友人は彼に会いに来るでしょう。」

第4章　主節の語順

主語はその位置に存在し，倒置は繰り返しの代名詞によって行われるのである。われわれは後でこの言い回しの起源を見るであろうが，これは疑問文に由来している。

文頭に状況を示す語句，副詞か補語があると，倒置が行われるとき，違った型になる：

　　Déjà frémissait dans son camp l'ennemi confus et désorienté.
　　　　　　　　　　　　　　　　　　　　　　　　　　　(Fléchier)
　　「すでにその野営地で震えていたのは，混乱し途方にくれた敵だった。」
　　　　　　　　　　　　　　　　　　　　　　　　　　　（フレシエ）

　　Sous le pont Mirabeau coule la Seine. (Apollinaire)
　　「ミラボー橋の下，流れるはセーヌ」（アポリネール）
　　Droit devant nous, sur la chaussée, était planté un brave homme d'une quarantaine d'années. (Baudelaire)
　　「われわれのまっすぐ前，車道に，立ち尽くしていたのは
　　四十歳がらみの実直そうな男。」（ボードレール）
　　Selon que tu crois ou décrois, s'allongent ou se rapetissent
　　les yeux des chats et les taches des panthères. (Flaubert)
　　「君が信じるか信じないかに応じて，長くなるか小さくなるか，
　　猫の目と豹の斑点は。」（フローベール）

このような倒置は，もはや自然体のフランス語にはない。それは文体上の意図に応えるものであり，描写の即時の表現を引き起こす驚きのような感情的な動きを表している。文の構造の立場から，気づくであろうことは，主語の倒置はさまざまな「連辞」のよりよい結びつきを準備することである。もしも動詞が直接または間接のほかの補語をもっていたら，主語の倒置は不可能であろう。次のように言うことができる：Dans ce pays régnait un éternel printemps.「その地方には，果てることのない春が続いていた。」　次のようには言えないだろう：Dans ce pays procure la nature des fruits délicieux.「その地方では，自然がおいしい果物をもたらしてくれる。」　というのは，フランス語は論理的な関連性のない語の連続を嫌うからである。

直接補語と間接補語の位置

補語が代名詞である場合を除いて，直接および間接補語は，論理的な順序に

従ってふつう動詞の後に来る。こうした補語の一つを前置するときはいつも説明しなければならない。『遺言詩集』の次の詩句の中で，法律文体をもじってヴィヨンは次のように書いている：

> Item, au Seigneur de Grigny ;
> Auquel jadis laissai Vicestre,
> Je donne la tour de Billy, etc.
> 「一つ，グリニーの殿様には，
> 以前，ヴィセートル〔の城〕を遺したが，
> ビイーの塔を与えよう，など」

この種の文書では，直接目的補語の形で，さまざまな遺贈物を指定する前には文を開いたままにしておくために，受遺者の名前を〔さきに〕処理しておくのが都合がいいからである。

無強勢人称代名詞がフランス語では動詞の前に置かれるので，代名詞は特別な場合を形成している。問題点は数多い。

a) 直接および間接補語代名詞のそれぞれの位置

近代フランス語では il le lui apporte と言う，すなわち，直接補語から間接補語へ行く論理的な語順がみられるのである。しかし，人びとは il me le dit, il te le dit, il se le dit, などと言うのであり，つまりここでは，間接補語―直接補語の語順が見られるのである。何故であろうか？古フランス語では人びとは il le me dit, il le te dit, と言っていたことをまず見ておこう。(Et si le vo prions. Villehardouin 「そしてわれわれはそれをあなたに頼みます。」ヴィラルドゥアン, vo = vous)。この進化をどのように説明したらいいか？心理的に，「人」は「物」に対して特権を与えられているのであり，そして「人称」代名詞は繰り返しの代名詞 (le, la, les, lui, leur) に対して特権を与えられているのである。ここから，文体上の優先的な語順が来ており，これがおそらく平俗語を経由して，一般的なフランス語に広まったのである。その代わりに，この競争が働かないときは，直接目的語が先の位置に維持される，同時に直接目的補語は音声的な観点から最も支えのない語形なのである (le, la, les は，lui, leur よりも弱い語形である)。

b) 命令法の場合

ここでは，問題点は別なふうに提起される，というのは命令法は心理的にとても強い叙法であり，これは独特の緊張を含んでいるからである。この場合，文の取り掛かりは，動詞の活用形によって行われる：

  Parle-moi.「私に話せ。」
  Dis-le.「それを言え。」

しかし，何らかの理由で，もし文が動詞以外の語で始まっていると，補語代名詞の習慣的な前置がまた見られる：

  Ne me parle pas.「私に話すな。」
  Ne le dis pas.「それを言うな。」

また古典フランス語では：

  Va, cours, vole et nous venge. (Corneille, *Le Cid*, I, 5)
  「行け，走れ，飛べ，そしてわれわれの仇を討て。」

          （コルネイユ，『ル・シッド』，一幕五場）

十九世紀の初めにはまだ見られた用法である：

  Si vous savez un tel pays sans gendarme sur la mappemonde, montrez-le-moi et me procurez un passeport. (Paul-Louis Courier)
  「もしあなたが地球全図の上で国家警察のない国を知っているなら，それを私に教えてくれ，そして私にパスポートをとってくれ。」

          （ポール＝ルイ・クーリエ）

引用した最後の文は，目的補語と付与の補語とがある時の補語の位置の問題を提起している。ポール＝ルイ・クーリエの例は，近代的かつ古典的な用法に一致しているが，この例が示していることは，論理的な語順がここでは心理的な語順に勝っているということである（言い換えれば，第一および第二人称は優遇されていない）：〔音声的な〕支えのない語形の代名詞は，支えのある語形の代名詞の前におかれる。しかし，子供の言葉では逆の語順を観察することができるが，そこでは感情が支配的である：彼らに donne-le-moi と言うようにと教える前は，すべての子供たちが donne-moi-le と言うのである。

c) 動詞＋不定詞の補語代名詞の場合

古フランス語では，動詞に依存する不定詞の補語代名詞はその動詞の前に置かれていた：

  Je la voudrai marier bien. (*Vair Palefroi*)
  「私は彼女ととても結婚したい。」(『まだらの馬』)
 例外的に，代名詞が強勢形で，おそらく強調の効果を伴って，主動詞と不定詞の間に現れることがあった：
  Je desir tant li embracier
  Et le veoir et li oïr. (Chanson de Colin Muset)
  「私はとても彼を抱きしめたい
  そして彼を見て彼の声を聞きたい。」(コラン・ミュゼの歌)
 中期フランス語では，この最後の構文は少し発展して，強調の効果が失われると同時に，無強勢形が用いられている。その結果，ついに古典フランス語の状態に到達するが，そこでは二つの構文(一方では，主語，代名詞，動詞，不定詞で，他方では，主語，動詞，代名詞，不定詞)が競い合っており，その選択は文体上の配慮(リズム，好音調，など)に依存している。例：
  Il se faut entr'aider. (La Fontaine, *Fables*, VIII, 17)
  「互いに助け合わねばならぬ。」(ラ・フォンテーヌ，『寓話』，八巻十七話)
  L'un voulait le garder, l'autre le voulait vendre.
           (La Fontaine, *Fables,* I, 13)
  「一方はそれを手元におくことを望んでおり，
  他方はそれを売ることを望んでいた。」
         (ラ・フォンテーヌ，『寓話』，一巻十三話)
  Cet homme (...) ne se peut définir. (La Bruyère)
  「あの男は(・・・)自分をはっきりさせることができない。」
            (ラ・ブリュイエール)
  Je ne puis me résoudre à penser si injurieusement de vous.
         (Guilleragues, *Lettres Portugaises*)
  「私はあなたのことをそんなに不当に考える決心はできません。」
          (ギュラーグ，『ポルトガル便り』)
 「近代的な」語順は，十七世紀では少数派であったが，十八世紀に徐々に支配的になっていく。この語順は今日では全般的に幅を利かせている。しかし気付くであろうように，代名詞が不定詞の主語であって，目的語でないときには，PVI (代名詞—動詞—不定詞) の語順は常に保持されてきた：
  Je les vois venir.「私は彼(女)らが来るのが見える。」

Il les fait (laisse) sortir.
「彼は彼（女）らが外出するようにする（外出するにまかせる）。」
　こうして，語順が il leur faut obéir「彼（女）らは従う必要がある」と il faut leur obéir「彼（女）らに従う必要がある」とを区別させてくれるのである。

語順と文の均衡

　代名詞の位置がほとんど固定されているとすれば，すでに見たように，状況補語は容易に動詞の前に置かれる可能性のある唯一のものであるけれども，補語の実詞の位置は比較的自由のままである。複数の代名詞が競争しているときは，見てきたように，いくつかの因子（論理的語順あるいは感情的な語順）が，代名詞のそれぞれの位置を決定する可能性があった。自然体のフランス語の傾向を付け加える必要がある。その傾向とは，文に十分充実した終結部を確保するように，次第に分量が増大していく塊の順に語群を配置することである。しばしば語順を説明してくれるのはこうした音声的な配慮である。ラ・ブリュイエールの次の文があるとしよう：

　　Les hommes en un même jour ouvrent leur âme à de petites joies, et se laissent dominer par de petits chagrins.
　　「人びとは同じ日のうちに小さな喜びに心を開き，
　　そして小さな悲しみに支配されるがままになっている。」

　補語の順序のどんな変更も，その意味上または文の均衡上の変化を引き起こすであろうことは見やすいことである。状況補語 en un même jour は，二つの動詞の前に置かれる必要がある，というのはこの状況補語は両方の動詞にかかわっているからである。しかし，もしそれが主語の前に置かれたなら，それだけで文の上昇部全体を構成することになり，この事実から，並外れた重要性をもつことになるだろう。目的補語 leur âme に関しては，それが動詞のすぐ後に続くのは，最も論理的な語順を重視してというよりはリズム上の配慮からである，というのはそれは間接補語よりも短いからである：もしそれが後に置かれたなら，この文は「できの悪いものになる」だろう。最後に，お分かりになるであろうように，ラ・ブリュイエールは、それぞれ同じ場所に、反復によって、同じ形容詞を含む二つの語群 à de petites joies と par de petits chagrins が生み出す強調の効果を求めたのである。語順の研究がまさしく文体的な語順という指示をもたらすのは，語順が比較的自由である限りにおいてである。

第 5 章

疑問文と感嘆文
挿入節

疑問文

　直接疑問の場合は——われわれは補足節のところで間接疑問をまた見るであろう——「前進的な」語順に向かってのフランス語の進化が特徴的であり，倒置型の大部分の解消を引き起こしている。

　疑問は，議論された点に関して決断または整理する権利を対話者にゆだねる。結びの文は下降する旋律に達する；逆に，対話者にゆだねられたこの決定の自由の合図は，質問が及ぶ点を指摘する高い調子によるイントネーションで表される。

　部分疑問：高い調子は，質問の対象となる状況を示す：

　　Où l'avez-vous trouvé ?「どこでそれを見つけましたか？」
　　Qu'est-ce que vous me racontez-là ?
　　「何を一体あなたは私に語ってくれるんですか？」
　　Qui vous a dit cela ?「誰があなたにそれを言いましたか？」
　　Vous irez quand ?「あなたはいつ行きますか？」

　全体疑問：高い調子は発話の末尾にあり，発話全体が「問題にされている」ことを示している：

　　Avez-vous l'intention d'aller le voir ?
　　「彼に会いに行くつもりですか？」

　古フランス語では，主語が実詞である時でさえ，どの疑問も主語の倒置を含んでいた（近代ドイツ語ではなお，そうである）。例：

　　Dit chius moines que ... ? (Adam de la Halle)
　　　[= ce moine dit-il que ... ?]
　　Ke dit chele feme ? Est-elle ivre ? (id.)

   [= que dit cette femme ?]
   Quant fust avenus chis afaires ? (id.)
   [= quand est arrivé cette affaire ?]
モリエールの作品にはまだ見られる：
   En quoi blesse le ciel une visite honnête ? (*Tartuffe*, I, 1)
   「どのようなことで神を傷つける（→神に背く）のですか，まともな訪問が？」（『タルチュフ』，一幕一場）
進化は二重であった：
 1. 人びとは倒置を減らすことを目指した。
 2. 人びとは疑問の道具 est-ce que を創り出した。

a) 倒置の減少
 次のような文：
   Et messires Gauvains, fet-ele, et Lancelot del Lac,
   En sont-il compaignon ? (*Roman du Graal*)
   「ゴーヴァン殿と湖のランスロ殿は，と彼女は言う，お仲間ですか？」
                （『聖杯物語』）
   Pierre, est-il arrivé ?「ピエールは，彼は着きましたか？」
ここから，新しいタイプの疑問文が創り出される：
   Pierre est-il arrivé ?
そこから，十八世紀の終わりに，疑問詞 -ti が引き出されることとなり，これが結局はすべての人称に入り込んでいくのである：すでに古典フランス語での voilà-t-il pas を見よ，そして今日では：J'y vas-ti, j'y vas-ti pas ?「私はそこへ行くのか，私はそこへ行かないのか？」
 口語の近代フランス語では，質問するためにイントネーションだけを利用することさえありうる：
   On y va ?「さあ，行こうか？」
   Tu pars quand ?「君はいつ出かけるの？」

b) est-ce que の創造
 これもまた，初めは二つの辞項をもち，のちに一つに結合される文から説明される：

Est-ce que tu viendras ? [cela est-il vrai, que ...]
「君は来るんだろうか？」　（そのことは本当ですか，・・・ということは？）

Qui est-ce, Diex, qui m'aparole. (*Roman de Renard*)
[Qui est cela qui m'adresse la parole ?]
「それは誰ですか，まあ，私に話しかけている人は？」（『狐物語』）

　十七世紀以降，est-ce que は，もはや過程全体，主語や目的語ではなく間接目的語 (A qui est-ce que tu parles ?) や副詞にさえかかわる疑問をも同じように強めている：Quand est-ce qu'il viendra ? この言い回しは，ヴォージュラによって非難さえされていない。ヴォージュラはこれについて議論している。

　あらゆる場合に，倒置の減少が認められる。Qu'est-ce que dit ton père ? のような文に反対することもできるだろう。実際は，倒置は義務ではなくて，この文では別のタイプのものである。われわれはそれをまもなく関係詞節のところでまた見いだすであろう。

c) est-ce ... qui, est-ce ... que のさまざまな利用

　Est-ce qui, est-ce que による強化は他の利点をもっている。この強化法は，とりわけ主語の中性疑問詞を提供し，それはこの用法の que の消滅によって必要なものとなった：十六世紀以降，人びとはもはや que se trouve sur la table ? とは言わずに qu'est-ce qui se trouve sur la table ? と言うのである。

　古いフランス語には，中性とみなさざるを得ない主語の疑問詞で，実際はほとんどもっぱら行為の動機に関してのみ質問する主語の疑問詞 qui もまた存在していた：

Qui fait les coquins mendier ? (Rabelais)
「何があいつらに物乞いをさせるのか？」　（ラブレー）

Qui te rend si hardi de troubler mon breuvage ?
　　　　　　　　　　　　　　　(La Fontaine, *Fables*, I, 10)
「何がおまえをそんなに大胆にして，私の飲み物を濁らせるのかね？」
　　　　　　　　　　（ラ・フォンテーヌ，『寓話』，一巻十話）

あるいは少なくとも原因に関して質問する：

Qui fait l'oiseau ? c'est le plumage. (La Fontaine, *Fables*, II, 5)
「何が鳥を作るのか？羽です。」（ラ・フォンテーヌ，『寓話』，二巻五話）

ここでもやはり，この中性の qui と男性の疑問詞 qui との間の曖昧さが qu'est-ce qui の使用によって取り除かれるのである．

二重疑問

二重疑問に関して一言述べて終わりにしよう．これは単純疑問の特殊な場合であって，二者択一の二つの辞項の間でしか選択の余地がない．近代フランス語では，二重疑問は，ou によって等位接続された似たような二つの疑問で構成される：

Irai-je ou resterai-je ?「私は行こうかそれとも残ろうか？」
Irai-je ou non ?「私は行こうかそれともやめようか？」
Est-ce que j'irai, ou est-ce que je resterai ?

古フランス語では，倒置は一回しか行われなかった：

Ferai-je ce, ou j'attendrai
Le peril où je me puis mettre ? (*le comte d'Anjou*)
「私はそれをなすべきであろうか，それとも待つべきであろうか
私が陥るかも知れない危険を？」　（『アンジュー伯物語』）

古風なフランス語や地方のフランス語では，特殊な構文が見られる：

Mon cœur court-il au change, ou si vous l'y poussez ?
　　　　　　　　　　　　(Molière, *Femme savante*, IV, 2)
「私の心が変化に向かって急ぐのですか，
それともあなたがそう仕向けているのですか？」
　　　　　　　　　　（モリエール，『女学者』，四幕二場）
Descendras-tu, ou si je monte ? (Perrault, *Barbe-Bleu*)
「君が降りるか，それとも私が登ろうか？」　（ペロー，『青髭』）
Prendras-tu ton épée, ou s'il faut qu'on t'en prie ? (Musset)
「君は剣をとるのか，それとも君にそうしてくれと頼まねばならぬのか？」（ミュッセ）

この構文は，si によって表される間接疑問（もっと後で取り上げる）から来ているものと思われる．

感嘆文

言語学的には，感嘆文は疑問文に近い．イントネーションは，疑問ほど顕著

ではないが，同じ種類のものである。その上，十七世紀およびそれ以前では，疑問符は感嘆符の代わりにふつうに用いられていた。〔疑問文と〕同じ手法を用いることができる：

　　Est-il bête！「彼はバカだなあ！」
　　Ces enfants sont-ils bêtes！「あの子供たちはなんてバカなんだ！」

しかし est-ce que はまれにしか用いられていない。強意を表示するためには，用いられるのは que または comme で，倒置なしである：

　　Que les gens sont méchants！「なんてあの人たちは意地悪なんだ！」

挿入節

倒置を行わないことが可能な英語（says my heart と並んで he said と言う）とは対照的に，フランス語は正しい言葉ではたえず倒置をする：

　　Donne-lui tout de même à boire, dit mon père. (V. Hugo)
　　「やっぱり彼に飲み物をやれ，と父が言う。」（V. ユゴー）

倒置は言語学的に次のように説明される：倒置は，挿入節が文のその他の部分と同じ平面上にはないという（イントネーションによって確認された）事実を表現するであろう。歴史文法は，別の説明を提供している，あるいはむしろ最初の説明を明確にしている。古フランス語は，挿入節の中で，先に述べたことをまとめるのに役立つ代名詞 ço (ce) を利用していた：

　　Ço dist li cuens (dit le comte). 「こう伯は言った。」

この時〔代名詞の〕すぐ後の倒置は，文が補語で始まっているという事実によって説明されていた。この ce は，モリエールやシラノの農夫たちのところに sditi, sfeti (dit-il, fait-il) のような成句の形で，十七世紀には民衆語の中に生き延びていた（そしていくつかの俚言にはなお生き延びている）。Don Juan の中で次のように読める：

　　Veux-tu gager, ç'ai-je fait, que je n'ai point la barlue,
　　ç'ai-je fait. Morguienne, ç'ma-ti fait, je gage que non.
　　「おまえ賭をしたいか，とわしは言った，わしは幻覚などないぞ，
　　とわしは言った。なにを言うか，と奴がわしに言った，
　　おれは違うほうに賭けるぞ。」

この代名詞 ce が，たぶんもはや理解されなくなって消滅したとき，倒置が保持されたと認められる。さらに，倒置は民衆語では減少する傾向がある。ジ

オノが次のように書いたのは，その話し方を真似るためである：
　　　　Vous êtes amoureux, il me demanda en réponse ?
　　　「あなたは恋してますか？返事として彼は私にたずねた。」
　実際に，民衆語はむしろ «qu'i me dit», «que je dis» という言い回しを利用しており，この中の que はほとんど古い ço の役割を演じているが，倒置はしない。

むすび

　フランス語は倒置を嫌うかどうか，あるいは主語の倒置は現実にフランス語で後退しているかどうかを知る問題は，最近，言語学者たちによって議論されてきた。十分な時間的隔たりをもって事態を見るなら，自然体の言語では倒置の大きな後退があると認めることができる。それに反して，特定の人びとは，公衆に向かって書いたり話したりするとき，まさしくその人為的なあるいは時として擬似エレガントな性質の故に倒置を行うことがあり得る。そこで全体的な現象を覆い隠すためには，これらの例を集めてそれを極度に誇張すれば十分である。しかしながら，後に見るであろうように，とりわけ関係詞節については，確固たる言語学的理由からフランス語で時おり倒置が必要とされる可能性がある。

第 6 章

従属節の分類

　従属節の詳細に入る前に，その概略をはっきりと見ておくことが重要である。これから見る分類は，時には形態上の基準に基づいており，時には機能上の基準に基づいている。

　形態上の基準によれば，関係代名詞に導かれる関係詞節，接続詞に導かれる接続詞節，さらにお望みならば，不定詞あるいは分詞節を区別することができる。関係詞節については，形態上の基準に対して，十分に統合された機能が対応しているので，その分析をずっと先へ押しやるのは，さしあたり無益である。この分析は，関係詞節に当てられた〔次の〕章でまた見られるであろう。

　これに対して，接続詞節という語は，接続詞で始まるあらゆる節を定義するにはあまりにも漠然とし過ぎている[1]。機能による基準が，ここでは必要である。この機能による基準は，単純節の要素の機能との類推で探求され得るが，しかし単なる類推である，というのはその対応は正確とはほど遠いからである。そこで，次のように区別するであろう：

－ 補足節

－ 状況節

　これら二種類の節のそれぞれが，次のような特徴により区別される。

補足節は，「名詞化された節」と考えることができ，その「支えの語句」[2]に対

---

(1) なおのこと，従属接続詞によって始まる節の中の特別な種類の節を指すのにこの語を使うのは避けるべきである。古フランス語には，導入詞 que のない接続法を使った補足節が存在していた。それをどのように名付けたらいいのだろうか？

(2) Je pense que ..., Je crois que ..., Je veux que ..., のような文で，Je pense, Je crois, Je veux などを，que 以下の節の «support» 「支えの語句」と呼んでいる。［訳者注］

して緊密な関係にある。この関係は「何を？」という質問によって表され得る。この関係は統語上の依存関係（叙法）によって表される。この関係は，まとまったイントネーションに対応していて，原則として節の順序を変える可能性はない。状況節は，主節とより緩い関係にある。この関係は，「どんな状況で？」のような質問によって表され得る。この関係は統語上の依存関係によっては表されない：状況節の叙法は，それ自体の性質に依存していて，支えの語句の性質には依存しない。主節と状況節の間のイントネーションは必ずしも一つに結ばれてはいない（主節と状況節はコンマによって分けられることもあり得る）。要するに，状況節は容易に主節の前に置かれることが可能である。状況節は，「副詞的」と考えられるのである。

　こうした観察を実例に適用することができる。ミュッセの次の一節があるとしよう：

> Il y a de certaines choses, vois-tu, les mères ne s'en taisent que dans le silence éternel. Que mon fils eût été un débauché vulgaire ; que le sang des Sodérini eût été pâle dans cette faible goutte tombée de mes veines, je ne me désespérerais pas ; mais j'ai espéré ; et j'ai eu raison de le faire. Ah ! Catherine, il n'est même plus beau ; ... (*Lorenzaccio*)
> 「いろんなことがあってねえ，それについて母親は死ぬときにしか黙らないんだよ。わたしの息子が卑俗な放蕩者だったとしても，ソデリーニ家の血がわたしの血管から落ちたこの弱々しい一滴の中で薄かったとしても，わたしは絶望しやしないでしょう。でもわたしは期待していたんだよ，そしてそうするだけの理由があったんだよ。ああ！カトリーヌ，息子はもうきれいでさえないんだよ，・・・」（『ローレンザッチオ』）

Que mon fils eût été un débauché vulgaire という節はどのように分析すべきか？この場合は仮定を意味する状況節（si mon fils avait été ...）の問題であろうか，それとも補足節の問題であろうか（je ne me désespérerais pas que mon fils eût été ...）？この節の位置は，最初の仮定を有利にする推定的論拠である。しかしながら，補足節は，その支えの語句の前にも置かれ得るであろう：

> Qu'il parte, j'y consens ; mais qu'il finisse d'abord son travail.
> 「彼が出発することに，私は同意します。でも，彼はまず仕事を終えな

第6章 従属節の分類

さい。」
Qu'il ait réussi, je m'en réjouis.
「彼が成功したことを，私は喜んでいます。」
Qu'il ait réussi, cette idée me réchauffe le cœur.
「彼は成功した，この考えは私の心を元気づける。」

しかし，気付くであろうように，それぞれの場合に，前に出された節は代名詞か指示詞 (y, en, cette) で再び取り上げられねばならず，これはこの節の非自立性の証拠である。同じように，前に出された補語も再び取り上げられるであろう（しかも，分離主語と同様に）：«Pierre, je *le* connais»「ピエールを私は知っている。」これに対し，状況節は，状況補語と同様，また取り上げる必要はない。したがって，問題なのは状況節であった。

補足節と状況節の区別は，それゆえ，確固たる根拠のあるものである。それに対して，主語，目的語，属詞，同格などの補足節を区別したがる理由はない。確かに：1°) この区別は無駄である；補足節の叙法は，それが主語であろうと目的語であろうと属詞であろうとあるいは同格であろうと，変わることはない。したがって，形式的に補足節の機能が何であろうと，支えの語句の意味が同じである以上は，接続法が用いられる（«je crains qu'il vienne.»「彼が来るのが私は心配だ。」，«il est à craindre qu'il vienne.»「彼が来るのは心配すべきだ。」，«la crainte qu'il vienne.»「彼が来ることの心配。」）。2°) それらの区別は可能かも知れないが，そうすると「補足機能」の一体性を覆い隠すであろう。補足機能はわれわれが述べた言語記号によって表されているのである。3°) 区別はしばしば実行不可能であろう。「補足」機能以外のどんな「機能」を，次のような文中の従属節に付与することができるだろうか？ «Je suis d'avis qu'il vienne.»「私は彼が来るのがいいと思う。」，«Je suis sûr qu'il viendra.»「私は彼が来るだろうと確信している」，など。

これに対して，状況節については分割を立てるのは有益である，というのは，状況関係の性質（時間，原因，目的，など）に従って，これらの節の統語法と形態は相当に変わるからである。一般に取り入れられている分類は，人びとが二つの過程の間に設定することのできる関係の種類に基づいている：

1°) それぞれの行為が展開される相対的な時間に基づく関係：**時を表す節**である。

2°) 因果関係の論理的概念に基づく関係。原因を表す従属節は**原因節**と言われる。

3°) 同じ論理的概念は，もし従属節がもはや原因ではなく結果を表していれば，上のものとは逆の関係の確立を司ることができる：そのときは**結果節**の問題である（時おり，(propositions) consécutives ではなく，conséquentielles と呼ばれる）。

4°) 原因が，動力的原因性にではなく，単純動機に存在することがある。従属節によって表された過程は，人びとがそれを目指して行動する過程である：従属節は**目的節**と呼ばれる。

5°) 考察された原因が，有効でないことがあり得る。有効でない原因を表す従属節は**譲歩節**と言われる。譲歩節には単純な対立を表す節が結び付けられる。

6°) もう一つ別の論理的関係が，**仮定節**（条件節という用語よりもこちらの用語を好む）の概念を司る。この従属節は，仮定として考察された過程を表し，他方で主節は，この過程から生まれる過程を表す。

7°) 最後に，任意の行為で，人はその間にいかなる具体的（時間的）または論理的関係も存在しない二つの過程の間の比較対照を設定することができる：その人は比較を行っているといわれ，この比較を表す従属節は**比較節**と言われる。

これらのカテゴリーは，つねにそうすべきであるように，最も明白な場合に基づいている。もちろん多くの境界上の場合が存在するが，それらは後に指摘されるであろうし，あるいはまた多くの混合の場合が存在する：たとえば，ある過程を仮定的な過程と比較することができる（«Le soleil brille comme si l'on était en été.»「まるで夏であるかのように，太陽が輝いている。」）。典型的な節の性質が把握されたら，これにはなんら特別な困難はないだろう。

第 7 章

関係詞節

関係詞節の言語学的性質

関係詞節は，すでに述べたが，関係代名詞で始まる節である。したがって，関係詞節の性質の問題は，関係代名詞（スイスの文法家たちによると接続代名詞と呼ばれる）の性質に結びついている。関係詞節の誕生は，とりわけホメロスのギリシャ語について研究された[1]。この段階では，関係代名詞はその語形から定冠詞にかなり近いのであり，定冠詞自体が指示詞によく似ているのである[2]。関係詞節は挿入節である。非常に古いギリシャ語では，l'homme que tu vois est mon frère という文は，l'homme – tu le vois – est mon frère のように感じられたに違いないだろう。それゆえ，関係詞節は，いくつかの段階の先行詞の規定を表している：限定，説明，特徴づけ。あるいくつかの場合には，関係詞節は，付加形容詞の価値をもつことがあり，関係詞節が形容詞と等位にされたときはそうである：

Source vaste et sublime, et qu'on ne peut tarir. (= intarissable)
(V. Hugo)

「広大で崇高にして涸れることなき泉」(V. ユゴー)

Faire fortune est une si belle phrase, et qui dit une si
belle chose, qu'elle est d'un usage universel. (La Bruyère)

---

(1) まず，C. Mugler によって，*L'évolution des subordonnées relatives complexes en grec*,『ギリシャ語の複合関係従属節の進化』, 1938, ついで P. Monteil により，*La phrase relative en grec ancien*,『古ギリシャ語の関係詞文』, 1963.
(2) 英語とドイツ語は，冠詞または指示詞に似た一連の関係詞を保持している (that, der で who, welcher と交代する)。

「成功するとはとても美しい言葉であり，とても美しいことを言っている言葉なので，あらゆる場合に使うことができる。」

(ラ・ブリュイエール)

関係詞節が，過去の文脈の中で倫理的現在に置かれているときもまた同様である：

Un vieillard qui n'a plus que quelque temps à vivre
S'était assis pensif. (V. Hugo)
「もはやしばらくの生きる時間しかない老人が，
物思わしげに座っていた。」(V. ユゴー)

関係詞節は属詞の機能ももちうる：

Je le vois qui sort. 「外出する彼に会う。」

状況節の価値をもつ関係詞節の多くの用例もまた見られるであろう（原因節，目的節，など）。

最後に，関係詞節はさまざまな意味の「ガリシスム」〔フランス語特有の慣用句〕を形成するのに貢献したことを指摘しておく必要がある。こうしたガリシスムでは，言い回しの起源の感覚は多少とも失われているのである：

C'est Pierre qui m'a parlé. 「私に話しかけたのはピエールです。」
C'est le livre que je choisis. 「私が選ぶのは，この本です。」
C'est à vous que je parle.
（古くは，c'est à vous à qui je parle.）
「私が話しかけているのは，あなたにです。」
On voit les champs, mais c'est de Dieu qu'on s'éblouit. (V. Hugo)
「野原が見えます，でも目が眩むのは神様にです。」(V. ユゴー)
Ce ne sera jamais un héros que mon Renzo. (Musset, *Lorenzaccio*)
（おそらく初めは，＝ que mon Renzo sera）
「私のレンゾは決して英雄にはならないでしょう。」

(ミュッセ，『ローレンザッチオ』)

Voilà l'enfant qui sort. 「ほら子供が外に出ますよ。」
Et mon travail que j'ai oublié de finir !
「そして私の仕事を終わらせるのを忘れました。」

この種の場合に，分析によって二つの異なる節を見分けるのは困難である。そうしたいのであれば，フランス語の歴史を参照するとしよう。それがわれわ

れに教えてくれるのは，たとえば次のようなことである。Voilà l'enfant qui sort がまず初めに意味したのは，«vois là l'enfant qui sort.» 「あそこの外に出る子供を見ろ」であり，そこには je le vois qui sort におけるように，知覚を表す動詞の後の関係詞節の属詞構文が存在するのである。

関係詞節の配置

原則として，関係詞節は関係詞で始まり，したがってこの関係詞は先行詞のできる限り近くに置かれる。関係詞が関係詞節の先頭にないのは，例外的にでしかない[1]。すなわち，関係詞が，それ自体前置詞のついた実詞の名詞補語であるときである。人びとはもはやモリエールが言っていたようには言わないであろう：

L'objet de votre amour, lui, dont à la maison
Votre imposture enlève un puissant héritage. (*Dépit amoureux*, II, 1.)
「あなたの恋の相手，その人の家から
あなたのペテンは強大な遺産を奪うのです。」
　　　　　　　　　　　　　　　　　　　　（『痴話げんか』，二幕一場）

人びとは，à la maison duquel ... と言うであろう。そして，分析してみると，à la maison を関係詞節に組み込むことが必要になるであろう。

関係詞節の先行詞が欠けていることがあり得る：

Qui dort dîne ;
「眠っている者は食事をしている（→睡眠は食事に匹敵する）。」（諺）
Qui trop embrasse mal étreint.
「あまりにも多くを抱きかかえる者は，下手に抱きかかえる（→二兎追う者は一兎をも得ず）。」（諺）

こうした古風な構文では，先行詞の欠如が発話に非常に一般的な性格を与える：それゆえ，格言や諺においてはこの言い回しが存在するのである。

このような構文では，関係詞の先行詞は言ってみればとけ込んでいるので，こうした構文の類推から，ある特定の文法家たちは，次のような文における ce

---

(1) ラテン語の詩では，関係詞はしばしば節のほかの語の後に送られた。しかしながら動詞の前に置かれなければならなかった：Fortunatus et ille deos qui novit agrestes.（ウェルギリウス，『農耕詩』）

que を一体と考えるように勧めるに至ったのである.
　　　On voit ce que je vois et ce que vous voyez. (V. Hugo)
　　　「人びとが見ているのは私が見ているものであり,
　　　あなたが見ているものである.」(V. ユゴー)
その場合, On voit を主節に分析し, ce que je vois を動詞の目的である関係詞節に分析しなくてはならない. このようなものの見方は一見魅力的である. しかし, Il se nourrit avec ce qui lui convient.「彼は自分にふさわしいもので自分を培っている.」という文を avec の後でまた切るだろうか. あるいは逆に, avec はそこで何の役割も演じていないのに, これを関係詞節にとけ込ませるべきであろうか. そして次の詩句におけるような, celui qui, ceux qui, celle qui, tout ce qui, などに対して何故この分析を広げないのか:
　　　L'homme injuste est celui qui fait des contresens. (V. Hugo)
　　　「公正でない人とは非常識なことをする人である.」(V. ユゴー)
　実際に, フランス語が関係詞の前の, 中性または男性の先行詞を発達させたとすれば, それはまさにそれぞれの節がそれ自体で文法的に完全になるためではないだろうか. 結局, ce を関係詞にとけ込ませる分析に対する最後の反論. 二つ (またはいくつか) の関係詞節がその後に続いている ce を繰り返す必要がないのである:《ce que vous lirez et que vous comprendrez vous instruira.》「あなたが読みそして理解するであろうことは, あなたを教化するであろう」. それを切り離して分析することができるための自立性の十分なしるしである[1].

関係詞という「道具」

a) qui の系列と lequel の系列

　西洋の多くの言語 (例えば, ドイツ語と英語, cf. der/welcher, that/who ...) のように, フランス語は二つの系列の語形をもっている:
　一つの系列は古くからのもので, ラテン語にさかのぼる: qui, que, quoi, où (ラテン語の ubi), dont (俗ラテン語の *de-unde).
　もう一つの系列はもっと遅れて, フランス語あるいは少なくともロマン語[2]の中で形成されたもので, 定冠詞と疑問詞 quel によって作られた: lequel,

---

[1] 疑問節の場合は, この分析は異なることがありうるだろう. 疑問節では, ce que は疑問詞の que を置き換えるためにあとから導入されたのである. この後の p.71〜72 を参照.

laquelle, etc., auquel, etc., duquel, etc.

　直ちに気づくことは，初めの系列は（性と数で）不変化であり，総合的であって軽い感じである。こちらはラテン語の語尾変化（曲用）の名残を含んでいる（qui は qui または cui を表し，que は無強勢の quem あるいは quam を表している）。二番目の系列は格では不変化なのに対し，性と数では変化する。こちらの系列は重い感じであるが，そのかわりしばしば古くからの系列よりも明瞭である。«Il y a une édition de ce livre laquelle se vend fort bon marché.»「この本の，とても安く売られている版がある。」という例文で，qui を使ったなら曖昧になる可能性があるだろう。関係詞 lequel 特有のこの明瞭さが，それが司法関係の文体で使われることを説明している。その上，その音声的な「重み」が qui よりも大きな自立性をこれに与えているのであり，そこから，関係詞を強調し，関係詞節を際立たせたい場合のある特定の使い方が出てくるのである。ヴォルテールのような大作家は，これら二つの語形の対比を巧みに利用している：

> Un poète médiocre (...) fit de mauvais vers à ma louange, dans lesquels il me faisait descendre de Minos en droite ligne ; mais mon père ayant été disgrâcié, il en fit d'autres où je ne descendais plus que de Pasiphaé et de son amant.
>
> 「ある凡庸な詩人が私を称える下手な詩を作った。その詩の中で詩人は私をミノスの直系の子孫とした。しかし私の父は面白くなかったので別の詩を作ったが，その中では私はもはやパジファエとその愛人の子孫でしかなかった。」

Qui の系列と lequel の系列はまた専用の用法がある：

－文法的な機能に関しては，lequel は近代フランス語では目的補語として用

---

(2) Lequel は『ローランの歌』から現れているが，疑問詞としてである。関係詞としての lequel の使用を見出すのは，十三世紀をまたなければならない。このことから，lequel はフランス語の中での形成であると結論づけることができるであろう。しかし，ロマン語の中には正確な等価語がある：スペイン語の el cual, ポルトガル語の o qual, イタリア語の il quale で，ルーマニア語の care (qualis から) は数にいれずとも。この類縁関係が示しているのは，おそらく qui の代わりの (ille) qualis の使用は共通ロマン語の時代から存在していたということなのであろう。

いられ得ない。代わりに，事物名詞を受けるためには原則として前置詞を付けて用いられねばならない：«le bureau sur lequel je travaille»「私が仕事をしている机」。この用法では，lequel は古風な文体で時おり où, dont および quoi と張り合っている：

C'est là l'unique étude où je veux m'attacher
(Boileau, *Epître à Guillerague*)
「それこそが私が専念したい唯一の研究です。」
（ボワロー，『ギユラーグへの書簡』）

Le collier dont je suis attaché (La Fontaine)
「私がつながれている首輪」（ラ・フォンテーヌ）

Une vieille bicyclette achetée d'occasion, sur quoi Jasmin me faisait quelquefois monter, et sur laquelle il aimait à promener les jeunes filles. (Alain-Fournier)
「中古で買った古い自転車，それにジャスミンは時おり私を乗せるのだった，そして彼はそれに乗せて娘たちを散歩させるのが好きだった。」
（アラン=フルニエ）

— 意味に関しては，lequel の系列は（前置詞を付けたものを除いて）限定的ではあり得ない。
— いつも前置詞を付けたものを除いて，lequel の系列は et, ou, ni のような接続詞の後に続くことはできない。
— いかなる場合にも，lequel の系列は中性の語を受けることはできない。Ce de quoi vous parlez とは言うが ce duquel vous parlez とは言わない。
— 最後に，lequel は qui と違って，形容詞になることができる：
toutes lesquelles choses s'exécutant par la volonté des hommes ...
(Bossuet)
「それらのすべてのことが人間の意志で実行されるので・・・」（ボスュエ）

b) que の特殊用法

Que は名詞あるいは代名詞だけでなく形容詞（人称代名詞 le のように）あるいはその等価語（過去分詞，付加形容詞の働きの実詞）の一つをも受けられることをまず思い出そう；その場合は属詞の機能で用いられる。例：

Malheureux que je suis !「不幸だなあ私は！」

第7章　関係詞節　　　　　　　　　　　　　　　　　　55

　Que j'ai honte de nous, débiles que nous sommes ! (Vigny)
　「何と私はわれわれを恥じていることか，脆いなあわれわれは！」
　　　　　　　　　　　　　　　　　　　　　　　　　（ヴィニー）
　Entré donc que je fus en ce logis d'honneur ... (Régnier, *Satires*, X)
　「入りたりそこで我はこの名誉の館に」（レニエ，『風刺詩』，第十）
　Que ne pourrais-je pas dire à mon tour, témoin oculaire
　que je suis de deux ou trois mondes envolées ?
　　　　　　　　　(Chateaubriand, *Mémoires d'Outre-Tombe*, fin)
　「私のほうで何が言えないというのだろうか？過ぎ去った二つあるいは
三つの世界の目撃証人たる私が。」
　　　　　　　　　（シャトーブリアン，『墓の彼方からの回想』，終章）
　他方で，que は，より正確な語形 (où, dont) に代わって時の補語，様態の補語などを受けるのに用いられ得る。例：
　Du temps que les bêtes parlaient (La Fontaine)
　「動物が話をしていた時代に」（ラ・フォンテーヌ）
　Me voyait-il de l'œil qu'il me voit aujourd'hui ?
　　　　　　　　　　　　　　　　　(Racine, *Andromaque*, II, 1)
　「彼は私を見ていましたか，彼が今日私を見ているような眼差しで？」
　　　　　　　　　　　　　　　（ラシーヌ，『アンドロマク』，二幕一場）
　最後に，今日 que は，初めは同じ機能が二重に表されていた言い回しで用いられている。まず次のように言った：
　C'est à vous à qui je parle.
　「私が話しかけているのはあなたに対してです。」
次いでこう言った：
　C'est vous à qui je parle.「私が話している相手はあなたです。」
この二番目の表現方法は，古典主義時代によく見られるが，次の三番目に道を譲った：
　C'est à vous que je parle.「私が話しているのはあなたにです。」
この中で，que は *c'est vous que je vois* のような文から一般化されたのである。
　N.B. Il fit que fol という言い回しで，que は古い関係詞である；すなわち，«il fit (ce) que fol (fait).»「彼はバカのふりをした（大騒ぎをした）。」

c) 関係詞節の連結における quoi の特殊用法

　ラテン語は，接続詞に支えられた指示詞の等価語として，とかく文頭に関係詞を用いていた（qui = is autem あるいは is vero）。次のような文にこの用法の痕跡が残っている：

> Après quoi, il se retira. 「その後で，彼は退出した。」
> Sur quoi il sortit. 「そのすぐ後に，彼は外出した。」
> A quoi il répliqua ... 「そのことに彼は反駁した。」

この用法は特別な困難は提起しない：先行の節はいわば quoi の先行詞であり，近代フランス語での quoi の通常の役割は不確定なものを受けることである。ただ一つ注意する必要があるのは，このような言い回しを ce によって強めることである：Ce à quoi ... この補強は先行詞の再編成を目指すことを可能にする。ほかのところで観察するであろうが，ce のこの用法は，これらの関係代名詞の先行詞が不確定であるときには，qui および dont の前で一般化された。もはやモリエールのように言うことはできない：

> Oui, mais il veut avoir trop d'esprit, dont j'enrage.
> 　　　　　　　　　　　　　　　　　　(Molière, *Misanthrope*, II, 4)
> 「そうです，でも彼はとても多くの才気をもちたがっています，私が渇望しているものです。」（モリエール，『人間嫌い』，二幕四場）

文中での関係詞節の位置

　ラテン語あるいはギリシャ語と違って，フランス語は関係詞節を先行詞の前には置かない。起きる可能性のある問題は，先行詞と関係詞節との間にいくつかの辞項を挿入する問題である。その挿入される辞項は名詞の限定詞であり得るが，これは問題ない。前に見たように，せいぜい関係詞の先行詞に関する曖昧さの可能性があるくらいである。ボスュエの次の文におけるように：

> On ne parlait qu'avec transport de la bonté de cette princesse, qui, malgré les divisions trop ordinaires dans les cours, lui gagna d'abord tous les cours.
> 「人びとがこのプリンセスの優しさについて語るのはいつも愛着の念をもってでした。それは宮廷内のあまりにもありふれた対立にもかかわらず，まずもって全宮廷を彼女にとって味方にしたのです。」

よりまれなことは，主語とそれを限定する関係詞節との間に動詞を挿入するこ

とである：
> ... Et le fils dégénère,
> Qui survit un moment à l'honneur de son père.
>
> (Corneille, *Le Cid*, II, 2)

「・・・そして息子は堕落している，
父親の名誉よりも少しの間長生きしている息子が。」

（コルネイユ，『ル・シッド』，二幕二場）

> Et la raison demeure toujours qui accuse la baissesse et l'injustice des passions. (Pascal)

「そして理性は常に存続している，情念の卑しさと不公平さを告発する理性は。」（パスカル）

　この形は，上で引用した場合は，文の均衡を保ち，文が動詞で急に終わるのを避けたいという意向によって主として説明される。他の理由も働いているかも知れない。そんなわけで，コルネイユの詩句は，格言，定義の様相をしており，なお，ラ・ブリュイエールの次の文もまた同様である：

> Celui-là est bon, qui fait du bien aux autres.

「その人は立派だ，他人に善行を施す人は。」

　時おり，均衡という動機に加えて，採用された語順が過程の展開する年代順を守らせてくれるのが見られる。次の例はそのことをよく示している：

> Des enfants ont grandi qui chasseront Xerxès. (V. Hugo)

「子供たちは成長した，彼らはクセルクセス王を追いかけるだろう。」

（V. ユゴー）

　気づくであろうことは，このような構文が推奨できるのは，主節の動詞が名詞による補語をもたない場合だけである。さもないと，先行詞について曖昧さが残るだろう。少なくとも原則的にはそうであろう，というのは一般的にはイントネーションが関係詞節とその先行詞の間の結びつきをはっきりさせてくれるからである。

関係詞節の中での語順

　関係詞が主語であれば，何の問題も起こらず，主語として当然であるように，関係詞は節の初頭にある。関係詞が補語であれば，二つの語順が見られる：

　　関係詞　動詞　主語　（R V S）　または

関係詞　主語　動詞　（R S V）

どちらにするかの選択は，動詞が直接または間接の補語をもたない場合にしか存在しないことをまず観察しよう[1]。人びとは次のように言う：

  la maison qu'a achetée mon père,「私の父が買った家」

あるいは，

  la maison que mon père a achetée,「同上」

しかしほとんど言わないのは，

  la maison qu'a achetée mon père à son voisin,
  「私の父が隣人から買った家」

そしてさらに少ないのは，

  la maison qu'a achetée à son voisin mon père.「同上」

同じように，人びとはこう言う：

  la personne à qui parle mon père,「私の父が話しかけている人」

あるいは，

  la personne à qui mon père parle,「同上」

しかしこうは言わない，

  la personne à qui parle mon père d'affaires（あるいは d'affaires mon père）.「私の父が商売のことで話している人」

このような排除の理由は，フランス語が文法的な結びつきのない語の連続を嫌うからである（à son voisin mon père, mon père d'affaires, etc.）。

これらの場合のほかに，主語－動詞の語順と交互に現れる主語の倒置が見られる。主語の倒置は次のような利点がある：関係詞（補語）と主語の間に置かれて，動詞は文の要の役目を確保し続けることができる：R V S.

その上，音声上の理由がしばしば関係している。フランス語は，次第に大きくなる塊で語群を並べようとする。主語が動詞よりも長くなるとすぐにそれを動詞の後に回す傾向があるらしいのである。そんなわけで，プルーストには，主語が十分に詳述されてこのように動詞の後に回されている無数の関係詞節が見られる。

  Cela (les brillantes relations de Swann) eût paru aussi extraordinaire à

---

[1] 少し先で引用するプルーストの例で見るであろうように，状況補語は，その自立性のおかげで，倒置に逆らうことはずっと少ない。

ma tante qu'aurait pu l'être pour une dame plus lettrée[1] la pensée d'être personnellement liée avec Aristée dont elle aurait compris qu'il allait, après avoir causé avec elle, plonger au sein du royaume de Thétis, dans un empire soustrait aux yeux des mortels, et où Virgile nous le montre reçu à bras ouverts.

「それは（スワンの華々しい人間関係は）たとえば彼女よりも文学的教養の高い婦人が，自分はアリスタイオスと個人的に親しくしているのだと考えるように，おまけにそのアリスタイオスが，彼女とおしゃべりをした後で，アティスの王国のまっただ中へ，人間の目には見えない国へと落ちてゆき，ウェルギリウスが描いているように，その国で諸手を挙げて歓迎されるのが分かった場合と同じように，（私の叔母には）異常に思われたであろう。」（鈴木道彦訳，カッコ内は筆者）

もしも aurait pu l'être pour une dame plus lettrée という語群が主語の後に置かれたら，この文は単に均衡のとれないものであるばかりでなく，分かりにくいものになるであろう。

関係詞節の特殊な意味

古典フランス語では，古フランス語でのように，願望を表すために関係詞節の中で接続法を用いることができた：

Et de par Belzébuth, qui vous puisse emporter !

(Molière, *Sganarelle*, sc. 6)

「そしてベルゼビュットの名において，彼があなたを連れ去ることができますように！」（モリエール，『スガナレル』，六場）

この構文がもはや懐古的な作家にしか存在しないとしても，接続法または不定法に置かれた関係詞節で，意図を表す動詞の後での目的または結果の意味の関係詞節は常に見られるのである：

Je cherche quelqu'un qui puisse me traduire ce passage.

「この一節を私に翻訳してくれることのできる人を誰か探しています。」

Il cherchait une main à quoi s'accrocher. (C. Farrère)

「彼はつかまることのできる手を求めていた。」（C. ファレール）

---

(1) この状況補語は主語倒置の障害となるものではないが，これについては前の注を参照。

動詞が条件法（または接続法の大過去，この場合これは条件法と等価であるから）に置かれている関係詞節は仮定の意味をもつ：

　　Une femme qui m'eût aimé aurait chéri ma gloire. (Mauriac)
　　「私を愛していたであろう女だったら，私の栄光に執着したであろう。」
　　　　　　　　　　　　　　　　　　　　　　　　　　　　（モーリアック）

中世および古典フランス語では，こういう場合の qui は si quelqu'un, si on の意味をもっていた：

　　Dieus ! qui ore eüst du bacon, ... bien venist à point.
　　　　　　　　　　　　　　　　　　　　　　　　　　(Adam de la Halle)
　　(«Dieu, si on avait ici du lard fumé, il viendrait bien à point.»)
　　「神様，もしもここにベーコンがあったら，彼はちょうどいい時に来るでしょう。」（アダン・ドゥ・ラ・アル）
　　Bonne chasse, dit-il, qui l'aurait à son croc.
　　　　　　　　　　　　　　　　　　　　　　　(La Fontaine, *Fables*, V, 8)
　　「いい狩を，と彼は言う，もし誰かがそれを予備にもっているなら。」
　　　　　　　　　　　　　　　　　　　　（ラ・フォンテーヌ，『寓話』，五巻八話）

最後に，接続法が後に続いた même qui は，特定の平俗語では，«même si ...» の意味をもつ：

　　Va, l'étreinte jalouse et le spasme obsesseur
　　Ne valent pas un long baiser, même qui mente. (Verlaine)
　　「まったく，嫉妬深い抱擁とうるさく胸を締め付けるのは
　　長いキスにも値しない，たとえ嘘をついても。」（ヴェルレーヌ）

関係詞節の意味は，したがってそこに用いられている叙法に依存しているのである。

関係詞節の難しい点

関係詞節の構造はいくつかの難しい点を示しており，それらを多くのフランス語使用者は克服するに至っていない。十七世紀の半ばまでは，あらゆる種類の構造の不規則さが多く見られる。それらは，その後次第にまれになっている。以下にそのいくつかを取り上げる。

Dont は関係詞節中のいくつかの実詞の名詞補語である可能性があるとしても（«Il plaignit les pauvres femmes dont les époux gaspillent la fortune»,

第 7 章　関係詞節　　　　　　　　　　　　　　　　　　　　　61

Flaubert.「彼は，その夫たちがその財産を浪費する気の毒な妻たちに同情した」，フローベール），それを互いに依存し合っている一連の実詞の補語にするのは適切ではない：«une femme dont la fraîcheur du visage était merveilleuse»「顔のはつらつとした様子が素晴らしかった女性」。

　関係詞節の中で，同時に関係詞と他の語，所有詞あるいは代名詞とによって同じ先行詞を受けるのもまた大変正しくない。マルセル・クレッソによって引用されたユイスマンスの次の例のように：

　　Un petit étang dont la robe de lentilles vertes semblait le revêtir
　　comme d'un glacis de pistache.
　　「小さな池，その池の緑色のレンズのドレスは，その池にピスタッチオ
　　のつやつやした表面のようなものを着せているようにみえた。」

　要するに，一見して先行詞は何かそして関係詞の機能は何かをよく識別できないような文に出会うことが起こるのである。ラマルティーヌの次の詩句では，

　　Comme un nid de colombes
　　Dont la hache a coupé l'arbre dans les forêts
　　「斧が森の中の鳩の木を切ってしまったところの鳩の巣のように」

dont は三つの実詞のうちの二番目のもの (arbres) の補語であり，先行詞は colombes であることを見分けるまでには，よく考えてみなければならない。
　さらに次のような例があるとしよう，これらはより一層複雑である：

　　Ce sont des images odieuses que produit un amour excessif et
　　tremblant. Pardonnez-les aux méfiances d'un cœur que cinq ans de
　　haine obstinée autorisent à avoir. (Marivaux)
　　「激しく震える恋が生み出すのは忌まわしいイメージです。五年間の
　　執拗な憎しみが，抱くことを正当化する心の不信感のことで彼らを許し
　　なさい。」　　（マリヴォ）

　　Je vous revois encor après un si long temps
　　Aussi présente à l'œil que le sont les rivages
　　A l'onde dont le cours reflète les images. (Lamartine)
　　「私は，とても長い間の後に，またあなたに会います。
　　その波の流れが影を映している波に対して，
　　岸辺が存在すると同じように，目に存在している（あなたに）。」
　　　　　　　　　　　　　　　　　　　　　　（ラマルティーヌ）

初めの場合は，分析すると関係詞 que は二つの先行詞 (cœur, méfiances) と二つの機能（avoir の主語，avoir の補語）をもつことが分かる。二番目の例についても同様であって，dont は先行詞として onde をもち，cours の補語であり，他方では先行詞として rivages をもち，images の補語である。ジッドやプルーストには，関係詞の少なくとも同じくらい異常な用法が時として見られるのである。それらをまねる必要はない。

　古典フランス語は，関係詞が他の動詞に従属している動詞の補語である言い回しを好んで用いていた：

　　　　Cet enfant sans parents qu'elle dit qu'elle a vu. (Racine, *Athalie*, III, 5)
　　　「彼女が会ったと言っているあの身寄りのない子供」
　　　　　　　　　　　　　　　　　　　　　　　（ラシーヌ，『アタリー』，三幕五場）
　　　　Je demande une grâce que je crains qu'on ne m'accorde pas.
　　　　　　　　　　　　　　　　　　　　　　　　　　　(Montesquieu)
　　　「私は，人びとが私に与えてくれそうにない厚意を求めます。」
　　　　　　　　　　　　　　　　　　　　　　　　　　（モンテスキュー）

次の文の分析はもっと難しい：

　　　　Cette lettre de Mme de Thémines qu'on disait qui s'adressait à vous.
　　　　　　　　　　　　　　　　　　　　　　　　　(Mme de La Fayette)
　　　「あなたに宛てられていると言われていたテミーヌ夫人のあの手紙」
　　　　　　　　　　　　　　　　　　　　　　　　　（ラ・ファイエット夫人）
　　　　une feuille qu'on dit qui paraît toutes les semaines. (Voltaire)
　　　「毎週現れると言われる印刷物」（ヴォルテール）
　　　　J'en puis bien faire autant, moi qu'on sait qui la sers.
　　　　　　　　　　　　　　　　　　　　　　　(La Fontaine, *Fables*, XII, 11)
　　　「私は同じだけのことをすることができます，彼女に仕えていることが知られているこの私なら」（ラ・フォンテーヌ，『寓話』，十二巻十一話）
　　　　une petite moue, que vous savez bien qui vous rend plus charmante encore. (Poinsinet)
　　　「ちょっとした不満顔，それがあなたをより一層チャーミングにすることをあなたはよく知っているのだ。」（ポアンスィネ）

ある人びとは，qu'on dit, qu'on sait, などを一種の挿入節にすることによってこの言い回しを説明する。他の人びとは，そこに知覚動詞の後の普通の構造の

拡張を見る（«l'homme que je vois qui vient.»「来るのが見える人」）。結局，指摘することができるのは，古典主義時代までは，qui と qu'il は音声的に区別されていないということである。まず人称代名詞を含んだ言い回しを関係詞節に広げた可能性があるようだ。«Il dit qu'il le possède»（これは il dit qui le possède と発音されていたが）に倣って，まずは男性形で，人びとは次のように言う気になったのであろう：«Mais pour guérir le mal qu'il dit qui le possède» (Molière)「彼がもっていると言っている病気から治るために」（モリエール）。その後，この言い回しは女性形に広がったのであろう。

第 8 章

補足節

補足節の性質
　すでに述べたが，状況節が主節との関係で，動詞に対する状況補語の役目を果たしているなら，補足節はそれを支える語句（それは節，名詞，形容詞，分詞 … などのことがある）との関係で，動詞と緊密に結びついた文の名詞的要素（主語，属詞，目的補語）の役目を果たしている。支えの語句とのこの緊密な関係は，支えの語句の意味が補足節の叙法を支配するという事実によって表されることもまた述べた。支えの語句と補足節との間には時制の一致と時には叙法の一致（照応）が存在することを付け加えておく必要がある。

一致（照応）
　一致は，主節の時制と従属節の時制の間の隔たりを減少させる統語的な手法である。主節が過去であれば，直説法の補足節は現在から半過去に移り，未来から条件法に移る，などである：人びとは次のように言う：«je crois qu'il pleut.»「私は雨が降ると思う。」，«je croyais または j'ai cru qu'il pleuvait.»「私は雨が降ると思っ（てい）た。」
　次の一節の時制の働きを見よ：
> Je ne puis vous oublier, et je n'oublie pas aussi que vous m'avez fait espérer que vous viendriez passer quelque temps avec moi.
> 　　　　　　　　　　　　　　　　(Guilleragues, *Lettres Portugaises*)
> 「私はあなたを忘れることができません，また，あなたがしばらくの間私と一緒に過ごしに来てくれるであろうと私に期待させたことも忘れません。」（ギユラーグ，『ポルトガル便り』）

　この一致は，しかしながら，表されている過程の永続的な性格を強調したい

ときには，義務ではない：

> Galilée prétendait que la terre tourne.

「ガリレーは，地球は回っている，と主張していた。」

補足節が接続法でなければならないとき，支えの節が過去であれば，この補足節の動詞は，同じように，接続法の半過去（または大過去）に移る：

> Vous voyez bien que je connais de sang froid qu'il était possible que je fusse encore plus à plaindre que je ne suis.
>
> (Guilleragues, *Lettres Portugaises*)

「よくお分かりのように，私は現在よりもなお一層哀れむべきであったということはあり得ることだったことを冷静に認めています。」

(ギユラーグ，『ポルトガル便り』)

立派なフランス語では[1]，主語に条件法があると補足節中の一致を引き起こす，というのは，元来，条件法は過去の時制であるから：

> ...je me résoudrais à consentir que vous fussiez heureux.
>
> (Guilleragues, *Lettres Portugaises*)

「私は，あなたが幸せになることを承諾する決心をしましょう。」

(ギユラーグ，『ポルトガル便り』)

N.B. 1. — 現在－半過去というずれによる一致とは別に，古典フランス語では，もう一つのいわゆる複合時制の一致も見られる。支えの節が複合過去であれば，補足節は接続法の半過去ではなく，過去に移るのである：

> Je n'ai pas voulu qu'il soit venu me voir. (Guilleragues)

「私は，彼が会いに来てくれることを望まなかった。」（ギユラーグ）

> le vent et la pluie continuelle n'a pas empêché qu'on n'ait travaillé avec une diligence incroyable. (id.)

「風と絶え間ない雨も，信じ難いほど熱心に働くことの妨げにはならなかった。」（同上）

---

(1) 日常のフランス語では，接続法現在の使用を黙認している。古典主義時代には，また別の一致にも出会うのであって，それは条件法に置くのである：«est-ce qu'il se pourrait que ma personne ne serait pas déplaisante à la vôtre ?»「私の人柄があなたの人柄にとって不快でないなんてことがあり得るでしょうか？」（マリヴォー，アルルカンの役割）

第 8 章　補足節　　　　　　　　　　　　　　　　　　67

　　Ma destinée n'a pas voulu que j'aie pu profiter de ce bonheur.
　　　　　　　　　　　　　　　　　　　　　　(Mme de La Fayette)
　「私の運命は，私がこの幸せを利用できるのを望まなかった。」
　　　　　　　　　　　　　　　　　　　　　(ラ・ファイエット夫人)
　N.B. 2. — 支えの語句が接続法の使用を要求する補足節中に，条件法を用いる必要があるとき，古典フランス語はその従属節の中に接続法の半過去を用いる：

　　ce n'est pas que je ne pusse l'être (être auteur) à peu près comme celui qui compose sans cesse des vers à votre louange.
　　　　　　　　　　　(Guilleragues, *Lettre à Mme de La Sablière*)
　「私は，絶えずあなたを賞賛する詩を作っている作者のような者ではほとんどありえないだろうからではありません。」
　　　　　　　　　　　(ギユラーグ，『ラ・サブリエール夫人への手紙』)
　　On craint qu'il n'essuyât les larmes de sa mère.
　　　　　　　　　　　　　　　　　　(Racine, *Andromaque*, I, 4)
　「彼が母親の涙を拭くのではと心配です。」
　　　　　　　　　　　　　　　　(ラシーヌ，『アンドロマク』，一幕四場)
　　Je doute qu'ils fussent tels aujourd'hui qu'ils ont été alors. (La Bruyère)
　「彼らが今日，あの頃のままであるだろうか疑わしい。」
　　　　　　　　　　　　　　　　　　　　　　(ラ・ブリュイエール)

«dire, croire, savoir, il est clair, certain, etc.»
を意味する支えの語句に依存する補足節
　ラテン語では，このような場合，不定詞節が用いられていた。フランス語では，不定詞節は，まれに証言の文体にまだ存在している：«le témoin déclare avoir vu ...»「証人は・・・を見たことを明言します」。その時に観察されるのは：1. 不定詞の主語は表されていないということ；2. この言い回しは，二つの動詞の主語が同じ場合にしか可能ではないということである。
　俗ラテン語以来，平叙節は quod によって導かれていたが，そこからフランス語の que が来ており，この que は文を「名詞化」する。支えの語句が補足節の過程を実在の，現実のものとして設定すると，用いられる叙法は直説法で

ある。
　　　Je dis (je sais, je crois) qu'il fait beau.
　　　「天気がいい，と私は言う（知っている，確信している）。」
　支えの語句が否定形または否定の意味 (nier) であると，補足節は通常接続法に移る。一般に，疑問形についても同様である：je crois qu'il viendra に対立するのは普通 je ne crois pas qu'il vienne, crois-tu qu'il vienne ? である。

　N.B. — 古フランス語では，動詞 cuidier «s'imaginer»「想像する，思い込む」は，正確にはそれが含んでいる誤りあるいは不確実のニュアンスから，接続法とともに構成されていた。他のいくつかの言い回し (on dirait que ...) についても同様であった。古典主義時代までは，croire のニュアンスが間違った予想という意味合いであるときには，例外的に接続法が見られる：
　　　je croyais, Madame, qu'il fallût pleurer.
　　　　　　　　　　　　　　　　　　　　(Molière, *Malade imaginaire*, III, 12)
　　　「奥様，私は泣かなければならないと思い込んでいました。」
　　　　　　　　　　　　　　　　　　（モリエール，『気で病む男』，三幕十二場）
　　　Les Vénitiens croyaient que leur affaire fût appaisée. (Guilleragues)
　　　「ヴェネチアの人たちは，自分たちの事件はおさまったと思っていたのです。」（ギユラーグ）

間接話法と自由間接話法

　物語において，登場人物の言葉を伝えるということは問題を提起する。それをそのまま伝えるのであれば，統語的および文体的な断絶の効果が生じる。そこで気づくことは，最古の文学テキスト以来，作家たちは伝える言葉と自分たち自身の話とを一体化するための手法を用いている。それが間接話法である。フランス語では，間接話法は次のような指標で表される：1. 伝えられる言葉は，補足節の形で現れる。2. 人称は移し換えられる，すなわち一人称と二人称は三人称に移る——この一人称と二人称が，言葉を伝える人またはその人が話しかけている人を表している場合を除いて——。3. 時制も，例外を除いて，同様に移し換えられる。4. 時の副詞と補語も同様に移し換えられる。5. 間接話法の叙法は，直接話法の叙法であるが，命令法は接続法か不定法に移る。これらの観察を次の例で確認するとしよう：

第8章 補足節

間接話法	直接話法
Elle me dit de venir(1) la(2) voir dès le soir même(3), et que nous(4) passerions(5) la soirée sur sa(2) porte, si nous(4) ne pouvions(5) pas nous(4) aller promener. (Robert Challe, *les Illustres Françaises*, roman, 1713)	Elle me dit : Venez me voir ce soir. Nous passerons la soirée sur ma porte, si nous ne pouvons pas nous aller promener.
「彼女は私に，ちょうどその晩彼女に会いに来るように，そして私たちは散歩に行くことができなければ，彼女の家の入り口の所で夕べのひとときを過ごすでしょうと言った。」 (ロベール・シャル，『著名なフランス女性たち』，小説，1713)	「彼女は私に言った，『今晩私に会いに来てちょうだい。私たちは散歩に行くことができなければ，私の家の入り口の所で今宵を過ごしましょう』と。」

指摘したのは，一人称の三人称への移行 (2)，語り手が当事者であるときの人称の維持 (4)；時制の移行 (5) と叙法の移行 (1)；時の補語の移行 (3) である。

間接話法の難点は，que の増加によるその重い感じである。十五世紀末および十六世紀初めから，接続詞 que がすでに表されている場合にはそれを削除することにより，間接話法を軽くしているのが見られる（『サン・ヌーヴェル・ヌーヴェル』，ラブレー，など）。十七世紀には，ラ・フォンテーヌとともに自由間接話法が決定的に構成される。それは次のような指標によって特徴づけられる：1. 自由間接話法への移行は，必ずではないがしばしば，言葉または考えが伝達されようとしていることを示唆する語によって準備される（『パルムの僧院』の第 1 章を参照）。2. 自由間接話法は，補足節ではなく，独立節で構成される。3. それは人称の移行を含んでいる。4. それは，必ずではないが通常は時制の移行を含んでいる。5. それは，必ずではないが通常は時の表記の移行を含んでいる。以下は注釈をつけた例文である。

　例 1：
16　La dame au nez pointu répondit que la terre
17　　　　Etait au premier occupant.

```
18      «C'était un beau sujet de guerre,
19   Qu'un logis où lui-même il n'entrait qu'en rampant.
20      Et quand ce serait un royaume,
21   Je voudrais bien savoir, dit-elle, quelle loi
22      En a pour toujours fait l'octroi
23   A Jean, fils ou neveu de Pierre ou de Guillaume,
24      Plutôt qu'à Paul, plutôt qu'à moi.»
```
                              (La Fontaine, *Fables*, VII, 16)

「とがった鼻の夫人は答えた，土地は
　最初に占拠した人のものだと。
『立派な争いの種だった，
　彼自身が這いながら入り込んだだけの住居が。
また，それが王国であっても，
ちゃんと知りたいものだね，と夫人は言う，どんな法律が
　永久にそれを授与したのか，
ピエールだかギヨームだかの息子か甥かのジャンに，
　ポールや私によりも。』

                          (ラ・フォンテーヌ，『寓話』，七巻十六話)

ここで気づくのは，間接話法（16〜17）から自由間接話法（18〜19）への，次いで口調がより生き生きとなるにつれ，直接話法への巧みな移行である。

例2：

Frédéric balbutia, chercha ses mots et se lança enfin dans une longue période sur l'affinité des âmes. Une force existait qui peut, à travers les espaces, mettre en rapport deux personnes, les avertir de ce qu'elles éprouvent et les faire se rejoindre.　(Flaubert, *L'Education sentimentale*)

「フレデリックは口ごもり，言葉を探した，そしてついに魂の親和力に関する長談義に入り込んだ。ある力が存在していたが，それは，空間を通して，二人の人物を関連づけ，その二人に彼らが経験することを知らせ，そして二人を合流させることのできる力である。」

                              (フローベール，『感情教育』)

自由間接話法は，ここでは，誰かが話そうとしているという示唆によって導入されている（口ごもった，言葉を探した，長談義に入り込んだ）。転換がま

ず行われ (existait)，このことが自由間接話法への移行を知らせている。しかし関係詞節は，時制の一致に関して前章で行った観察に従って，永続性の現在のままである。

　自由間接話法は，したがって，さまざまな用法と多様な形態をもつ。それは，一方では物語と伝えられる言葉との間の断絶を避け，他方では間接話法の重い感じを避けるのである。それは，近代小説に頻繁に見られる「内心の談話」の根底にある。

間接疑問

　通常，間接疑問節は，接続詞によってではなく疑問代名詞または疑問副詞によって導かれるにもかかわらず，その機能から，間接疑問節は補足節である。間接疑問は間接話法と同じ起源から生じている。一般に，間接疑問は直接疑問と同じ語によって導かれる。しかしながら，いくつかの特徴は指摘しておく必要がある。

　全体疑問（これには，oui, non, peut-être で答える）は，それが間接であるとき，si によって導かれる。この si の起源は，仮定の接続詞であり，それが古典ラテン語の num「…かどうか」に代わって用いられた[1]。接続詞 si は『ローランの歌』以来この用法で見いだされる。同じように，近代英語では，if が疑問詞の whether に代わる傾向がある。それでもなお，分析においては，si で始まるこの二つの型の節を注意深く区別する必要があることはもちろんである。

　部分疑問は，間接疑問において直接疑問と同じ語で導かれる。唯一の例外は中性代名詞によって構成される。古フランス語および古典主義時代までは，que だけを用いていた：

　　je ne sai que je doie dire 　　「私は何というべきか
　　ne que je puisse devenir 　　　またどうなるのか分からない」
　　　(*Châtelaine de Vergy*) 　　　（『ヴェルジ城主の奥方』）

---

(1) 中間の役目をしたケースが，ラテン語以来見いだされる：Dic, siquid opus, impera（プラウトゥス，*Aulularia*, v.193）; Nulla lex satis commoda omnibus est ; id modo quaer itur si majori parti et in summam prodest. （ティトゥス・リウィウス，34, 2, 5）

その上，il ne savait que faire,「彼はどうしたらいいか分からなかった」il ne sait que devenir,「彼はどうなるのか分からない」のような言い回しにこの用法の名残が見られる。しかしながら，que は通常，関係詞の場合のように，ce que によって置き換えられた。

現代フランス語における間接疑問

間接疑問の統語法は，現代フランス語では急速に破損しつつあることを指摘しておかなければなるまい。民衆語で，dis-moi si tu veux venir, dis-moi ce que tu veux の代わりに dis-moi est-ce que tu veux venir, dis-moi qu'est-ce que tu veux のような文を耳にするのは，確かにかなり前からである。すなわち，このタイプの言語活動が，直接疑問での疑問の道具を間接疑問の中に一般化しているのである。

新しい事実は，数年来——そして 1968 年が転機を画したが——このような極めて正しくない表現が，次第に頻繁にジャーナリスト，比較的教養のある人たちなどの口に上っていることである。こうした言い回しは，とくにパリ地域の「若者たち」の言葉ではすでに正しい形式にほとんど取って代わったのである。

期待または希望，疑惑あるいは無知，
などを表す支えの語句に依存する補足節

われわれは時として，直説法を引き出す確信の観念と，接続法を引き出す「意志決定」(フィアット)の観念との間の境界線上にいることがある。Attendre, s'attendre à ce que はこうして接続法を引き出すが，espérer と s'attendre que は直説法で構成される。Désespérer que は，当然であるように，接続法を支配する。Promettre que が直説法と構成されるなら，s'engager à ce que は接続法を支配する，など。

同じ種類の躊躇が，ignorer que のような無知を表す動詞について認められ，これらについては二つの構文が正しいのである。Nier, douter, contester などが接続法を支配するなら，これらの動詞が否定形であるときは，補足節で直説法も見られる：

第 8 章 補足節   73

Je ne doute pas qu'il fera tout ce qu'il pourra. (Exemple de Littré)
「彼はできることはすべてするだろうことを私は疑わない。」

(リトレの用例)

「意志決定」を表す支えの語句に依存する補足節

必要性，命令，禁止，願望などを表す支えの語句の後では，接続法は近代フランス語では規則である。Il faut que je sorte. Je souhaite que vous veniez. など。

接続法はまた，可能性を意味する支えの語句の後でも日常的であるのに対し，見込み性は必ずしも接続法を引き出すわけではない。もう一度指摘しておくが，叙法の使用を決めるのは，形式上の規則より以上に意味の微妙な差である。

接続法は，危惧あるいは妨害を意味する動詞の後では規則である。ここでの統語上の特殊性は虚辞の ne である。

N.B. 1. — あるいくつかの地域フランス語では，公式なフランス語は接続法を用いるところに，とりわけ未来で，直説法が用いられる。『ポルトガル便り』の中で読めるのは：

> Vous avez pu vous résoudre à me laisser pour jamais, et à m'exposer aux frayeurs que je dois avoir, que vous ne vous souvenez plus de moi que pour me sacrifier à une nouvelle passion.
> 「あなたは永久に私と別れ，私がもっているに違いない恐怖，あなたは新しい情熱に対して私を犠牲にするためにしかもはや私を思い出すことはないという恐怖に，私をさらす決心をしたかもしれない。」
> Pourquoi faut-il qu'il soit possible que je ne vous verrai peut-être jamais ?
> 「おそらく私は決してあなたに会わないだろうということがあり得るなんてどうして必要なんですか？」
> est-il possible que vous serez enflammé par de mauvais traitements ?
> 「あなたが悪い待遇に憤慨しているだろうことはありえますか？」

これらはガスコーニュ風語法であり，著者ギユラーグのペンのもとでは頻繁に見られ，またフェヌロンにも見られるのである。

N.B. 2. — 古典フランス語では，permettre のような動詞に依存する補足節では，事柄の現実性を強調する場合は，直説法がかなり頻繁である：

Le ciel permet qu'un saule se trouva
Dont le branchage, après Dieu, le sauva. (La Fontaine, *Fables*, I, 19)
「天は，一本の柳が存在し，
その枝が，神につづいて，彼を救うのを許した。」

(ラ・フォンテーヌ，『寓話』，一巻十九話)

感情を表す支えの語句に依存する補足節

感情を表す支えの語句の後では，que のみによって導かれる補足節は接続法に置かれる：je suis heureux, je me réjouis, je m'afflige, etc ..., qu'il ait réussi.「彼が成功したことは，嬉しい，喜んでいる，悲しい，など。」

その代わりに，de ce que で始まる節では直説法も用いられ得るが，この de ce que はもともと関係詞節である。Parce que で始まる節については，これは原因節であって，もっと先でまた取り上げるであろう。

N.B. — 補足節が j'aime mieux ... que という言い回しに依存するとき，構文上の問題が起こる。この場合には連続する二つの que を用いなければならないだろう（ラテン語の quam ut，ドイツ語の als dass, etc.）。古典フランス語では，これらを一つに減少させていた：

J'aimerais mieux souffrir la peine la plus dure,
Qu'il eût reçu pour moi la moindre égratinure.

(Molière, *Tartuffe*, III, 6)

「私は，最も厳しい苦痛を被るほうがいいでしょう，
彼が私のためにほんの僅かな批判でも受けたのなら。」

(モリエール，『タルテュフ』，三幕六場)

近代フランス語では，que de le voir ..., que de voir que ... によって表現するだろう。

むすび

お分かりのように，補足節の統語論に関しては「支えの語句」が重要である。接続法と直説法がまだ，ある程度まで，競争している場合の一つなのである。したがって，独特な文体的効果を生み出す余地が存在するのである。

第 9 章

時を表す節

序 論
　時を表す節は，ある点では，時の補語の役割を演じている。それは，主節で表された過程と，同時，先行，後続として示された別の過程とを関連づけるものである：
　　Il était, quand je l'eus, de grosseur raisonnable.
　　　　　　　　　　　　　　　　(La Fontaine, *Fables*, VII, 10)
　　「彼は，私が彼を手に入れたとき，ちょうどいい太り具合だった。」
　　　　　　　　　　　　　　　　(ラ・フォンテーヌ，『寓話』，七巻十話)
　同時性の概念は，ある種の弾力性をもっていることが分かるであろう。«Quand il m'aperçut, il sortit.»「彼は私を見つけたとき，外に出た。」という文において，二番目の行為は実際は始めの行為よりも少し遅れているのである。しかしそれらの行為を言い表す人は同時のものとして表すのである。
　他方では，「先行」の時間節または「後続」の時間節という用語を用いるのを耳にするとき，それぞれ先行したり後続したりするのは，主節の行為であるということをよく理解しておく必要がある：«je veux sortir, avant qu'il pleuve.»「雨が降る前に，外出したい。」«Avant qu'il pleuve» は先行の時間節と言われるのに，雨は私の外出よりも後である。実際に，名称は節を導く接続詞に基づいている：avant que ＝ 先行性，après que ＝ 後続性。

同時性
　節を導く接続詞は，時には「軽い」もの (quand, lorsque, comme) であり，時には，さまざまな意味合いをもった「強調された」ものである：pendant que, tandis que, en même temps que, tant que, aussi longtemps que（継続）；

au moment où, dans le moment que（正確な同時性）；maintenant que, à présent que（起動的な意味合い）；chaque fois que, toutes les fois que（繰り返し）；à mesure que（原因の意味合いをもった漸進的過程），など。Alors que や cependant que のような純粋に時間的な意味では古くなった接続詞は数に入れない。

これらの節で用いられる叙法は，つねに直説法である。用いられる時制は，この同時性の意味を伴って，現在，未来であり，また過去については半過去，それとよりまれには単純過去または複合過去である。

Comme の後では，半過去が必要である：

  Il sortit de chez lui comme dix heures sonnaient.
  「彼は，十時が鳴っていたとき家から出た。」

ご存知のように，半過去は，始まりと完了を考慮せずに，過去の過程を表す。したがって，「線の時制」であり，これに対し単純過去は限定された行為を表し，点の時制あるいはもっとうまく「切片の時制」にたとえることができる。

気づくであろうように，時間の中で二つの過程を近づけるということは，それらを対比させることに帰着する。時間的意味から反意的なものへの滑動は，tandis que および pendant que（それに十七世紀では cependant que）についてしばしば観察される：

  Pierre travaille, pendant que son frère s'amuse.
  「ピエールは，兄（弟）が遊んでいるのに，勉強している。」

先行性

ここで最もよく用いられる接続詞は，avant que, jusqu'à ce que, en attendant que である。古典主義時代には，jusqu'à tant que も用いられている。十八世紀には，この接続詞句は平俗的な口調に限られる傾向がある。例：

  je ne veux qu'être fâché, vous haïr tous tant que vous êtes, jusqu'à tant que j'aie vu Arlequin, dont on m'a séparée.
    (Marivaux, personnage de Silvia dans *la Double Inconstance*)
  「私は，みんなが私から引き離したアルルカンに会うまでは，怒っていて，あんたたちがいる限りあんたたちみんなを憎むことしか望んでいません。」（マリヴォー，『二重の不貞』の中のシルビアという登場人物）

これらの節で用いられる叙法は，接続法である，というのはその事柄は，人

が身を置いている時点——主節の動詞の時点——では，その人によってまだ不確実と考えられているからである：上で引用した例を見よ。

　古典フランス語の統語法は，少なくとも jusqu'à ce que によって導かれる節においては，もっと柔軟性を含んでいた。もしも従属節によって述べられた事柄が現実に起こったものとして考えられたなら，このことは enfin, à la fin のような副詞の使用によってしばしば強調されているが，直説法を用いることができた：

　　Ainsi le plus grand défaut du gouvernement des Romains en fit des conquérants; c'est parce qu'ils étaient malheureux chez eux qu'ils devinrent les maître du monde, jusqu'à ce qu'enfin leurs divisions les rendirent esclaves. (Voltaire, 8ᵉ *Lettre Philosophique*)
　　「こうして，ローマ人の政府の最大の欠陥が，彼らを征服者にした；最後には，彼らの分裂が彼らを奴隷にするまで，彼らが世界の支配者となったのは，彼らが自分たちの国では不幸だったからである。」
　　　　　　　　　　　　　　　（ヴォルテール，『哲学書簡』第 8）

近代フランス語では，同じニュアンスが直説法を用いた jusqu'au moment où の使用によって表される。

　別の問題：avant que で始まる節中での「虚辞の」ne の用法。これは古典フランス語には存在しない。十八世紀の後半に虚辞の ne が現れるのが見られる；比較せよ：

　　Ecoutez ce récit avant que je réponde. (La Fontaine, *Fables*, III, 1)
　　「私が答える前に，この話を聴きなさい。」
　　　　　　　　　　　　　　　（ラ・フォンテーヌ，『寓話』，三巻一話）
　　(le tigre) suce (...) à longs traits le sang dont il vient d'ouvrir la source et qui tarit presque toujours avant qu'il ne soit rassasié. (Buffon)
　　「（虎は）自分がその源を開けたばかりであって，そしてほとんどいつも満腹しないうちになくなる血をゆっくりと吸う。」（ビュッフォン）

近代フランス語では，ne の存在は純然たる時の情報に当事者の懸念を付け加えているように思われる：

　　Informez-vous avant qu'il ne soit trop tard.
　　「遅くなり過ぎないうちに，情報を得なさい。」

後続性

使用される接続詞は，après que, une fois que, aussitôt que, dès que, sitôt que, depuis que あるいは単に quand, lorsque である。用いられる叙法は直説法である。あらゆる場合に，従属節で用いられる時制は，過程の先行性（すなわち，すでに見たように主節の過程の後続性である）を示すのに力を貸している。したがって，通常は次のような結びつきである：

従属節	主節
複合過去	現在
après qu'il a travaillé,	il se repose.
前未来	未来
après que (quand, lorsque, etc.) vous aurez terminé,	vous vous reposerez.
大過去	半過去
aussitôt qu'il avait terminé,	il sortait.
前過去	単純過去（または物語現在）
Après qu'il eut brouté, trotté, fait tous ses tours,	Jeannot Lapin retourne aux souterrains séjours.
	(La Fontaine, *Fables*, VII, 16)
「草を食い，ピョンピョン跳ね，さんざん歩き回った後，	兎のジャノは地下の住処に戻る。」
	（ラ・フォンテーヌ，『寓話』，七巻十六話）
重複合過去	複合過去
Quand il a eu fini,	il est sorti.

気づくであろうが，古典フランス語では，単純過去が先行性を示すために，時には大過去の働きで，時には前過去の働きで，用いられ得るのである：

Vous savez quels honneurs on fit faire à son ombre
Après qu'entre les morts on ne le put trouver.
(Corneille, *Polyeucte*, I, 4)
「死者たちの中に，彼を見つけることができなかった後に，彼の霊魂にどんな名誉がもたらされたかをあなたはご存知です。」
（コルネイユ，『ポリウークト』，一幕四場）

depuis que le temple de Salomon fut bâti, il n'était plus permis de sacrifier ailleurs ; (Racine, préface d'*Athalie*)

「ソロモンの神殿が建立されてからは，別の場所でいけにえを捧げることはもはや許されなかった。」（ラシーヌ，『アタリー』の序文）

これらの用法は，単純過去のかなり頻繁に見られる意味に結びついていて，それは関係詞節にも見られる[(1)]。

他方では，文法的な奔放・放漫さが，après que によって導かれる節の中の直説法の代わりに接続法を使わせている。このことについては，さまざまな説明がなされてきた。粗雑な誤りは別として，この用法が après que についてのみ見られ，dès que, quand などについては見られないことから，最もありうる説明は，avant que に見られる構文との類推による構文であるということなのであろう。

なお à peine ... que ... という言い回しを取り上げておこう。元来，これは並列表現に関するものだったに違いない：

 A peine Tartarin eut-il mis le pied à terre, le quai s'anima. (Daudet)
 「タルタランが地面に足をつけるとたちまち，波止場は活気づいた。」
                （ドーデ）

次いで，結合の que が，分析は難しいが，導入された：

 A peine est-il amant, qu'il est amant heureux. (Quinault)
 「彼は恋人になるとすぐ，幸せな恋人になる。」（キノー）

時おり，この種の構文には「逆の従属関係」があると言われる。

---

(1) 例： Sur un lièvre flanqué de six poulets étiques,
   S'élevaient trois lapins animaux domestiques,
   Qui, dès leur tendre enfance élevés dans Paris,
   Sentaient encore le chou dont ils furent nourris. (Boileau)
   「やせ細った六羽の雛鳥を連れた野兎の上に，
   三羽の家畜の兎が上っていた，
   その三羽は，優しい子供時代からパリで育てられ，
   まだ彼らが養われたキャベツの匂いがしていた。」（ボワロー）
   Cette nuit même encore, on a pu vous le dire,
   J'avais révoqué l'ordre où l'on me fit souscrire, (Racine, *Iphigénie*, IV, 4)
   「ちょうど昨夜もまた，あなたにそれを言うことができたが，
   私が同意した命令を撤回したのだ。」（ラシーヌ，『イフィジェニー』，四幕四場）

時を表す節の位置

　時の状況補語の位置のように，時を表す節の位置はかなり自由である。年代順の因子が大きな役割を演じる。たとえば，逆の順序よりはむしろ次のように言うであろう：

　　　Quand il eut terminé son travail, il sortit.
　　　「彼は自分の仕事を終えてしまうと，外出した。」
そして，
　　　Il rentra avant que la pluire se mît à tomber.
　　　「彼は，雨が降り始める前に，帰った。」
何故なら，節の順序がこのように過程の時間的順序に従っているからである。

時を表す節中での語順

　一般に，時を表す節——少なくとも直説法に置かれている節——の中ではいかなる精神的な緊張も作用しない。しかしながら，関係詞節と同じ条件で，主語の倒置が見られることがある：いくつかの接続詞句は，その上，関係詞に由来する（たとえば，au moment où）。ラシーヌの次の一文があるとしよう：

　　　Je les lui promettais tant qu'a vecu son père. (*Andromaque*, I, 4)
　　　「彼（女）の父が生きている限り，私はそれらを彼（女）に約束していた。」
　　　（『アンドロマク』，一幕四場）

お分かりのように，tant que は，関係詞表現（= tout le temps que）と等価で，動詞に対して状況補語の役目をしている；したがって倒置は，一方では状況補語と動詞の間の，他方では動詞と主語の間の結びつきを維持することを目的としている。

主節中での語順

　時を表す節が状況補語の役目をしているとき，主節中で時おり主語の倒置がみられ，キアスム〔交差配列法〕の効果をもつ：

　　　Comme Bonteint sortait, entra l'avocat Page. (Claude Tillier)
　　　「ボンタンが外出しようとしていたとき，
　　　入って来たのは弁護士のパージュ。」（クロードゥ・ティリエ）

　Apeine ... que の後では，倒置がかなり頻繁であるが，同じように説明される：

A peine étions-nous assis, que bondissait sur la piste un poney tout harnaché. (Alain-Fournier)
「われわれが座るとすぐに，舞台の上で跳ねていたのはすっかり装備をつけた小馬だった。」（アラン＝フルニエ）

これらの倒置は，とりわけある特定の自動詞 (entrer, paraître, surgir, etc.) とともに見られるのである。

接続詞によらない時を表す節

　1°) 従属節の主語が主節の主語と同じであるときは，時おり接続詞による節を不定詞で置き換えることができる：Après とともには，不定法過去が用いられる：«après avoir terminé, il sortit.»「終わった後で，彼は外出した。」十七世紀の初めまでは，不定法現在が見られた，さらに après boire「飲んだ後で」を参照のこと。Avant de とともには，不定法現在を用いる。この表現の最も古い形は avant ＋ 不定法（現在）であった：

　　Ce que j'ai à faire avant mourir. (Montaigne)
　　「死ぬ前に私がしなければならないこと」（モンテーニュ）
　　Avant partir pour la Turquie. (Saint-Simon, écrivain archaïsant)
　　「トルコへ向けて出発する前に」（サン＝シモン，懐古的な作家）

古典主義時代までは，通常の形は avant que de であって，これと avant que が競争していた：

　　Tu enquiers et écoutes avant que de condamner, et lui condamne avant qu'ouïr les parties. (Amyot)
　　「きみは，有罪の判決を下す前に，尋ね，話を聴く，そして彼のほうは当事者の話を聴く前に刑を宣告する。」（アミヨ）

現代の言い回しは，古典主義時代にはまれであって，革命後に一般化された。
　なお，sur le point de, au moment de などの用法にも注意すること。
　2°) 分詞過去形は，いわゆる後続性の節と等価であり得る：

　　Ayant dit ces mots, il sortit.
　　「これらの言葉を言ってしまうと，彼は外に出た。」

二つの節の主語が同じでなければ，ラテン語の絶対用法の奪格に似た構文を用いることができる：

> Eux repus, tout s'endort, les petits et la mère.
>
> (La Fontaine, *Fables*, IV, 22)
>
> 「彼らが満腹すると，すべてが眠り込む，子供たちも母親も」
>
> （ラ・フォンテーヌ，『寓話』，四巻二十二話）

3°) ジェロンディフは，場合によっては tout で強められて，同時性を表すのに適している：

> Il se promène tout en lisant.「彼は，読書しながら散歩する。」

ジェロンディフの相対的な自立性は，古典フランス語では，ジェロンディフが主語に関わらないことを容認していた：

> La fortune vient en dormant.
>
> 「幸運は眠っている間にやってくる（→果報は寝て待て）。」

4°) 現在分詞もまた同時性を表す。上で見たものに似た効果によって，この同時性は論理的というよりも心理的であると言える。ユゴーの次の詩句において：

> Se glissant dans la ville avec leurs gens, sans bruit,
> Ils ont dans Compostelle enlevé par surprise ...
>
> 「仲間と一緒に，音もなく街に忍び込み，
> 彼らはコンポステラで不意に・・・を奪った。」

彼らが，奇襲をしかける前に，まず初めに街に忍び込まねばならなかったことは明らかである。

5°) 一つの形容詞または一つの実詞に縮小された，時を表す節の力強い凝縮の場合が見られる：

> Présente, je vous fuis ; absente, je vous trouve. (Racine, *Phèdre*, II, 2)
>
> 「ここに居れば，私はあなたから逃れ，ここに居なければ，
> 私はあなたを見つけようとするのです。」
>
> （ラシーヌ，『フェードル』，二幕二場）
>
> Jeune homme, on te maudit, on t'adore viellard. (V. Hugo)
>
> 「青年のときは，君は恨まれ，老人になると，君はあがめられる。」
>
> (V. ユゴー)

«quand tu es un jeune homme» などのように理解する必要がある。

時の関係の表現体系は，それゆえ，近代フランス語では，とても豊かなものであり，また必要であれば，とても軽快なものなのである。

第 10 章

原因節

原因節は，主節（または主節の代わりをする節）によって表される過程の原因と考えられる過程を表す。まず，接続詞を用いた節による原因の表現を，次に他の方法による原因の表現を研究しよう。

原因節の道具

用いられる主要な接続詞は，parce que（古フランス語では，pour ce que), pour la raison que, comme, puisque, attendu que, étant donné que である。

A cause que は，少数の作家によって気取って用いられるが，もはや正しいフランス語ではない。十八世紀にはまだそれが見られた:

> Jamais elle ne fut généreuse à cause qu'il était beau de l'être, mais à cause que vous aviez besoin qu'elle le fût. (Marivaux)
> 「寛大であることは美しいことだから彼女は寛大だったのでは決してなく，彼女が寛大であることがあなたに必要だったからなんです。」
> （マリヴォー）

この用法は，1770年頃平俗な文体で書いている文法家のフェローによって遠ざけられる。

Car は等位接続詞であって，従属接続詞ではない。その上，その意味合いは parce que のものとは異なっている。Parce que は有効な原因を表し，car は単なる説明を表している:

> Polyeucte est chrétien parce qu'il a voulu. (Corneille, *Polyeucte*, III, 3)
> 「ポリウークトは，自分が望んだからキリスト教徒なのです。」
> （コルネイユ，『ポリウークト』，三幕三場）

Puisque は話しかけている相手によって有効と認められた原因を示す:

Puisqu'on plaide et qu'on meurt, il faut des avocats et des médecins.

(La Bruyère)

「人は訴訟を起こしそして死ぬからには，弁護士と医者が必要だ。」

(ラ・ブリュイエール)

Puisque はもともと時の接続詞であることに留意のこと (=après que)。Post hoc 「その後に」の観念から propter hoc 「そのために」の観念に移っているのである。Dès (lors) que, du moment que についても同様である。

Comme は，原因の意味では，主節の前に置かれる節を導く。この comme は，次のような種類の文から出た比較の comme に由来する:

Comme ils n'ont plus de sceptre, ils n'ont plus de flatteurs. (Malherbe)

「彼らはもはや杖（支配権）をもっていないと同じく（いないので），もはや追従者をもたない。」(マレルブ)

前に置かれた比較は，理由として働く。

認識を表していて，しばしば疑問形で現れる主節の後には，古フランス語以来 que のみによって導かれる節が見られる:

Qu'avez-vous donc, dit-il, que vous ne mangez point ?

(Boileau, *Satires*, 3)

「一体どうしたんだ？と彼は言う，ちっとも食べないなんて。」

(ボワロー，『風刺詩』，第三)

Holà, es-tu aveugle, que tu ne me vois point ?

(Molière, *Fourberies de Scapin*, II, 7)

「おい，君は目が見えないのか？私が見えないとは。」

(モリエール，『スカパンの悪だくみ』，二幕七場)

Comme elle dort, qu'il faut l'appeler si longtemps ! (V. Hugo)

「なんと彼女は眠っているんだ！こんなに長い間呼ばなくてはならないのは。」(V. ユゴー)

この que はさまざまに解釈されてきた（結果を表すもの，puisque の短縮，など）。注意する必要があるのは，こうした説明が，事実よりもむしろなされている質問に重点を置いていることである。これらの言い回しでは，à peine ... que という言い回しにおけるように，que は単なる連結辞であるように思われる。

原因という概念の独特のニュアンス

1) 遠ざけられる原因。Non que と non parce que とを区別すること。Non que は，接続法を伴って，可能な原因とみなされている事柄の存在そのものを否定する：

> Non que je veuille à Rome imputer quelque crime.
> (Corneille, *Nicomède*, V, 9)

「私がなんらかの罪をローマのせいにしたがっているのではない。」
（コルネイユ，『ニコメードゥ』，五幕九場）

> Il s'arrêta ; non pas qu'il fût à bout d'arguments. (Fromentin)

「彼は（しゃべるのを）やめた。論証に行き詰まったのではない。」
（フロマンタン）

Non parce que は事柄の現実性は認めるが，それが原因として働いていることは排除する：

> Il fut arrêté, non parce qu'il avait volé, mais parce que ses papiers n'étaient pas en règle.

「彼は逮捕された，彼が盗みをしたからではなく，彼の書類が不備だったからである。」

2) 疑わしい原因。疑われた原因は，フランス語では，Sous prétexte que あるいはまた挿入節を伴った原因節（«parce que, disait-on ... »）によって表される。

3) 力をこめたあるいは付帯的な原因。これは d'autant que, surtout que によって表される。D'autant que は，古典フランス語ではほとんど comme の単なる等価語として非常によく用いられた：

> D'autant qu'ils se confiaient à la disposition du lieu où l'on combattait ... (Vaugelas)

「戦っている場所の配置に彼らは頼っていたので・・・」（ヴォージュラ）

Surtout que は少し緩んだ言葉に属している：

> Cela nous amusait, surtout que c'était aux dépens des autres.
> (Roland Dorgelés)

「他人を笑いものにしているだけに，それは私たちを面白がらせた。」
（ロラン・ドルジュレス）

4) 比例する原因。これは，原因が増大するにつれて，結果もまた増大する

ことを意味する。その道具は autant ... autant ; plus ... plus ; moins ... moins ; d'autant plus (moins) que ; à mesure que, au fur et à mesure que である:

> A mesure que les hommes ont de la lumière, ils trouvent Grandeur et misère en l'homme. (Pascal)
> 「人間は啓示をもつにつれて，人間に偉大さと悲惨さを見出す。」
> （パスカル）

左右対称の言い回しでは，従属節は最初の節である:

> Plus je vois les hommes, plus je vous estime. (Mme de Maintenon)
> 「私は人間を見れば見るほど，ますますあなたを評価します。」
> （マントノン夫人）

気づくであろうが，これらさまざまな言い回しでは，比較の観念が原因の観念に付け加わるのである。次のような文では比較節に到達している:

> Mais autant que ce dessein était utile, autant l'exécution était difficile. (Pascal)
> 「しかしその計画が有益であった（と同じ）だけ，その実現は困難であった。」（パスカル）

5) どちらでもよい原因。これは soit que, soit que で表される:

> Hérodote avait promis une histoire particulière des Assyriens, que nous n'avons pas, soit qu'elle ait été perdue, soit qu'il n'ait pas eu le temps de la faire. (Bossuet)
> 「ヘロドトスは，アッシリヤ人の特別な話を約束した。その話が失われてしまったのか，あるいは彼はそれを作る時間がなかったのか，その話をわれわれはもっていない。」（ボスユエ）

同じニュアンスが que ... que によって，あるいは，古いフランス語では，接続法だけによってさえ表され得る:

> Vente, grêle, gèle, j'ai mon pain cuit. (Villon)
> 「風が吹こうと，あられが降ろうと，凍える寒さだろうと，私はパンを焼いた。」（ヴィヨン）

> On résolut sa mort, fût-il coupable ou non.
> (La Fontaine, *Fables*, X, 1)
> 「彼が有罪であろうとなかろうと，彼の死が決められた。」
> （ラ・フォンテーヌ，『寓話』，十巻一話）

第10章　原因節　　　　　　　　　　　　　　　　87

これら二つの例が示しているように，われわれはここで，原因と譲歩と仮定の概念の境界にいるのである。この曖昧さは接続法の曖昧さによるのである。ところで，soit はもともと動詞 être の単なる接続法である。次の文を参照のこと：

 Soit une vérité, soit un conte. (Corneille, *Andromède*, IV, 4)
 「真実であるにしろ，作り話であるにしろ。」
       （コルネイユ，『アンドロメードゥ』，四幕四場）

ここには，soit の本来の意味がまだ透けて見える。

原因従属節の位置

　論理的と言われる順序は被限定語句から限定語句へと移るので，この観点からは主節が最初に来るべきであろう。しかしながら，原因節はしばしば前に置かれる。この前置の原因はさまざまである。時おりこの順序は推論を組み立てることを可能にしてくれる：とりわけ comme を用いた場合がそうである。その上，原因は通常，結果に先行する。そこでは，原因節の前置はいくつかの部類の時を表す節の前置に対応している。

原因節中での語順

　いかなる感情もここで主語−動詞の順序を覆すことはできない。倒置の場合は，特別な，しばしば興味ある事柄として調べてみる必要がある。したがって，プルーストの次の文においては：

 ... nullement laid, d'ailleurs, parce que ne saurait être laid un visage spirituel et bon.
 「その上，信仰心に満ちた善良な顔は醜くなんてありえないだろうから，少しも醜くはない・・・」

動詞＋属詞の語群の前置は，二つの考察によって正当化される：1) 原因節がここでは定義の文であり，そして，前に見たように，この種の文は「絶対」倒置を容認する。2) 付随的に，プルーストによって採用された構文が，結果として属詞 laid を前に投影しており，この属詞 laid は先行節の一語を再び使っているのである。ところで，「主題についての関連」という事実は，ある特定の倒置をもたらす可能性があることもまた見たところである。

接続詞によらない原因節

1°) 接続詞による節を時には前置詞と不定詞によって置き換えることができる：かくして，二つの動詞の主語が同じであるという条件で sous prétexte de が時おり用いられる。それに反して，par + 不定詞は古典フランス語では用いられたが，今日ではもはや用いられない：

> C'est par avoir ce qu'on aime qu'on est heureux, non par avoir ce que les autres trouvent aimables. (La Rochefoucauld)
> 「人間が幸せなのは，自分が愛するものを手に入れることによってであり，他人が愛しいと思うものを手に入れることによってではない。」
> （ラ・ロシュフーコー）

> Mais ne confondons point, par trop approfondir,
> (La Fontaine, *Fables*, III, 17)
> 「しかし，あまりに深く考えすぎて，混同しないようにしよう。」
> （ラ・フォンテーヌ，『寓話』，三巻十七話）

しかし前置詞 à, de, pour はまだ見ることができる：

> Je mérite la mort, de mériter ses haines. (Corneille, *Le Cid*, III, 1)
> 「私は，あの人の憎しみに値するので，死に値するのです。」
> （コルネイユ，『ル・シッド』，三幕一場）

> Il est puni pour avoir tué.「彼は殺したため罰せられる。」
> Est-on moins malade pour ignorer le nom de sa maladie ?
> 「自分の病気の名前を知らないがゆえに，それだけ病気ではないのだというんですか？」

2°) しばしば，原因の概念はジェロンディフによって表されるが，このジェロンディフの意味は，原因の概念と同時性の概念の中間にある。前節で引用された初めの二つの例では，par + 不定詞を en + ジェロンディフで置き換えることができるであろう。

3°) 現在分詞または過去分詞は，主語と一致して，原因の意味をもち得る：

> Nourri dans le sérail, j'en connais les détours. (Racine, *Bajazet*, IV, 7)
> 「王宮で育てられ，私はそこの迷路を知っています。」
> （ラシーヌ，『バジャゼ』，四幕七場）

この意味は comme によって強調され得る：

　　　　Il convoitait le port d'Utique, comme étant le plus près de Carthage.
　　　　　　　　　　　　　　　　　　　　　　　　　　　　　(Flaubert)
　「カルタゴに一番近いので，彼はユティックの港を欲しがっていた。」
　　　　　　　　　　　　　　　　　　　　　　　　　　　（フローベール）
4°) 原因の意味の現在分詞または過去分詞は，絶対分詞節にも現れることがある：
　　　　Le maître étant absent, ce lui fut chose aisée.
　　　　　　　　　　　　　　　　　　　　(La Fontaine, *Fables*, VII, 6)
　「主人が留守なので，彼（女）にとっては簡単なことだった。」
　　　　　　　　　　　　　　　（ラ・フォンテーヌ，『寓話』，七巻十六話）
5°) 暗黙の属詞として用いられた形容詞または実詞は分詞と同じ意味をもつ：
　　　　Et rose elle a vécu ce que vivent les roses. (Malherbe)
　「バラなので，彼女はバラが生きるもの（バラの一生）を生きた。」
　　　　　　　　　　　　　　　　　　　　　　　　　　　　（マレルブ）
同じニュアンスが comme によって強調され得る：
　　　　On choisit ce parti, comme le plus doux. (Dictionnaire de l'Académie)
　「この解決策を選ぼう，最も穏やかなものだから。」（アカデミー辞典）
6°) 関係詞節はしばしば原因の意味をもつ：
　　　　Je fus jaloux de Parménide, parce qu'il apprenait le chinois ; deux mois plus tard de Théodose, qui découvrait l'astronomie. (A. Gide)
　「私はパルメニドゥを妬んだ，彼は中国語を学んでいたから。その二ヵ月後にはテオドーズを，彼は天文学を発見した（から）。」
　　　　　　　　　　　　　　　　　　　　　　　　　（アンドレ・ジッド）
　　　　Je battrai les chemins, moi n'ai plus de métier. (Alain-Fournier)
　「私は道を歩き回るだろう，もう仕事がない（から）私は。」
　　　　　　　　　　　　　　　　　　　　　　　　（アラン＝フルニエ）
7°) 説明的な関係が，二つの主節の間に存在することがある。次の例では，二番目の節が最初の節を説明している：
　　　　Les délicats sont malheureux :
　　　　Rien ne saurait les satisfaire. (La Fontaine, *Fables*, II, 1)
　「気むずかしい人たちは不幸である：
　　何も彼らを満足させることができないだろう（から）。」

(ラ・フォンテーヌ,『寓話』, 二巻一話)

8°) 二つの主節の間で, 二番目の節の説明的な性質が, tant または tellement によって示されることがある:

Rien ne flatte son goût, tant il est difficile.

「何も彼の好みを満足させるものはない, とても難しい(から)。」

この言い回しはラテン語に存在していたのであり, ドイツ語や英語のような, フランス語に隣接する言語に存在している。

むすび

原因関係の表現は, したがって, きわめて柔軟である。それは非常に内容豊かであって多くの文体研究に素材を提供することが可能である[1]。ある作家たちが別の言い回しよりもこれこれの言い回しのほうを特に好むことは, 時おり, 議論の多い作品に対する良い鑑定基準を提供することさえある。こうして, パスカルは原因の関連性を強く表す。逆に, ヴォルテールはそれを好んで暗黙のままにしておく。マリヴォーは à cause que を用い, プレヴォはこの言い回しを締め出している, など。

---

(1) レオ・シュピッツァーは, 小説家シャルル゠ルイ・フィリップの作品における原因関係の検討に輝かしい研究を行った。

第 11 章

結果節

　結果節は，生徒たちによってしばしば比較節と混同されており，その逆もある。これはいくつかの類似から生じている：
　− 意味の類似：これら二つのタイプの節は，時おり強度に関係していて，あるときはそれに対する同等性が見られたり（比較節），またあるときはそこから結果が引き出されたりする（結果節）。
　− 形式の類似：強度を示す道具は，共通である (si, tant, tellement, tel, ...)；その上，フランス語では，音声上の偶発事の結果，これら二つの場合の相関語が，それがラテン語の quam を包み隠しているにしろ，quod（古典ラテン語 ut）を包み隠しているにしろ，たまたま同じになっている。たとえばゲルマン諸語は，これら二つの場合を区別していることに留意のこと（英語では than/that，ドイツ語では als または wie/das）。したがって，論理的分析においては混同することのないよう注意する必要がある。

総　論
　1. 結果関係の性質。結果関係は原因/結果の論理的関係に基づいているが，今回は，原因節と違って，従属節によって表されるのは結果の過程である。
　2. 境界。目的節と結果節の間の境界は，時おり決めるのが微妙なことがある。たしかに，結果は単に意図的なだけのことがあり得る。実際には，表現において強度または様態の観念に関係しているなら，結果節と言われるであろう。境界上の事例は，de manière à ce que によって提供され，ここでは，目的節におけるように，つねに接続法が用いられる。別の境界上の事例，assez pour que, trop pour que の場合は，意味ははっきりと結果を表しているが，pour que の存在がこれまた常に接続法を引き出すのである。

結果節の道具

相関語の性質によって，区別されるのは：

— Si ... que, tant ... que, tellement ... que, au point que, à tel point que などによって導かれる強度を表す結果節。いくつかの相関語は過程全体を対象とする。しかし si ... que は，歴史的な理由で（sic ... quod は，ロマン語領域の一部では tam ... ut に取って代わった），形容詞または副詞の前でしか用いられない；tant que は，ラテン語の tantum (ut) のように，実詞または動詞しか導かない；最後に tellement que は，ロマン語が創り出したもので，形容詞または副詞の前でも実詞または動詞の前でも，区別なく用いられる。

— 様態を表す結果節：de sorte que, de manière que, de façon que, de manière à ce que で，この最後の成句は，つねに接続法を伴う。Que だけでもまた見られることに留意のこと：

On lève les cachets, qu'on ne l'aperçoit pas.
(Molière, Amphitryon, III, 1)

「封印が取り除かれている，だからそれが見あたらないのです。」
（モリエール，『アンフィトリオン』，三幕一場）

この言い回しは，最も自然体のフランス語に存在しているが，que はしばしば冠詞によって導かれる：

Je suis dans *une* colère, que je ne me connais pas.

「私は怒っているので，われを忘れています。」

結果節中での叙法

これは，接続関係の性質，
　　　　表現された観念，
　　　　主節の表徴（記号），に依存している：

a) 接続詞が強度を表すなら，叙法は直説法である。確かに，用いられた道具が表しているのは，原因が結果の実現をもたらすには十分であったということである；結果は既定のものとみなされている：

J'ai tant fait que nos gens sont enfin dans la plaine.
(La Fontaine, Fables, VII, 9)

「私が多くのことをしたので，うちの連中はついに平地にいます。」
（ラ・フォンテーヌ，『寓話』，七巻九話）

b) 接続詞が様態を表すなら，用いられる叙法は表現したい観念にかかっている。結果が既定のものとして与えられると，直説法が不可欠である：
　　Tout alla de façon
　　Qu'il ne vit plus aucun poisson. (La Fontaine, *Fables*, VII, 4)
　　「彼がもはや如何なる魚も見ないように，
　　万事が運んだ。」　　（ラ・フォンテーヌ，『寓話』，七巻四話）
結果が単に望まれているだけのものとして提示されると，接続法が用いられる：
　　Il fallut qu'on modérât sa gloire, de façon qu'elle ne réveillât
　　que l'attention. (Montesquieu)
　　「称賛が注意だけを喚起するように，
　　称賛を控えめにすることが必要であった。」　　（モンテスキュー）
De façon à ce que, de manière à ce que の後では接続法が規則であることに留意のこと。これらの言い回しは，近代に創り出されたものである。

c) 主節の記号が否定（もしくは疑問）であれば，従属節中には接続法を用いる，なぜならそこに表現されている過程は，自動的に排除されるからである：
　　Il n'a pas tant travaillé qu'il soit sûr du succès.
　　「彼はあまり働かなかったので，成功に確信はない。」

結果を表す他の方法

1. 関係詞節の形式。用例は疑問の余地がある。次の文において：
　　Mais s'il est un état où l'âme puisse trouver une assiette
　　assez solide pour s'y reposer tout entière ... (J.-J. Rousseau)
　　「しかし，魂全体がそこで休息するに十分なだけ安定した平衡を見出すことができる状態があるなら・・・」（J.-J. ルソー）
　　（「しかし，魂が十分安定した平衡を見出すことができる状態があり，魂全体がそこで休息することができるなら・・・」）
関係詞節中の接続法は，この関係詞節が依存している節の不確定性によって引き出されている。

2. 不定詞。二つの節の主語が同じであれば，この不定詞は人称法〔の動詞〕に置き換えられ得る；このことは，au point de, de manière à などについて，いくつかの場合だけに当てはまる。文学的または懐古的な言い回しに留意のこと。

(si ... de) :
> Qui te rend si hardi de troubler mon breuvage ?
> (La Fontaine, *Fables*, I, 10)
> 「何が君をそんなに大胆にして，私の飲み物を濁らせるのか？」
> （ラ・フォンテーヌ，『寓話』，一巻十話）

(si ... que de) :
> Je ne suis pas si naïf que de confondre ... (Duhamel)
> 「私はそんなに純真ではないので，・・・を混同することはない。」
> （デュアメル）

(assez ... que de) :
> Le premier qui serait assez hardi que de proposer la guerre ... (Fénelon)
> 「十分に大胆で戦争を提案するであろう最初の人は・・・」（フェヌロン）

形容詞の後あるいは時に名詞の後で，à をつけた不定詞が見られる：
> Serais-tu homme à nous trahir ?
> 「君はわれわれを裏切る男だろうか？」
> bête à payer patente, etc. 「非常に愚かな」，など

3. 並置（あるいはより正確には，並位）。これらの言い回しはフランス語では非常に古くからのものである。古フランス語では，que はよく省略されていた：
> Jo ai tel gent plus bele ne vedreiz.
> 「私には，あなたが見たことのないほど美しい人がいます。」

近代フランス語では：
> Ils sont si vieux, si vieux, ils se casseraient en route. (Daudet)
> 「彼らはとてもとても年を取っている，途中でへたばっちまうだろう。」
> （ドーデ）

相関語 si の存在が，これらの言い回しをはっきりと結果を表すものにしている。それが現れていなければ，二つの節のどちらが，意味について，暗黙のうちに他方に従属しているのかはそれほどはっきりとは分からない：
> Vous n'êtes point gentilhomme, vous n'aurez pas ma fille.
> (Molière, *Bourgeois gentilhomme*, III, 12)
> 「あなたは紳士ではない，あなたは私の娘を手に入れないだろう。」
> （モリエール，『町人貴族』，三幕十二場）

初めの節が原因節の意味をもつとも言えるし，二番目の節が結果節の意味をもつとも言うことができる。イントネーションがその差をつけるのである。

結果節の位置

　二つの節の相対的な位置に関しては，論理的な順序（被限定語句から限定語句へ）も時間的な順序も，主節／従属節の順序を強いる傾向がある。意図的な結果を表すためにしか逆の順序は見られない：

　　De façon que tous soient contents, nous procéderons de la façon suivante.
　　「みんなが満足するように，われわれは次のように行います。」

　従属節では，主語の倒置はまれである。それは，空間的または時間的な動きを表すいくつかの動詞とともに見られるだけである。それはさらに「意志決定（フィアット）」の観念と結びついている：

　　Il suffit que j'y pense, pour que m'en revienne le goût. (Proust)
　　「私がそのことを考えるだけで十分である，そうすると私に戻ってくるのですその味覚が。」（プルースト）

むすび

　結果節は，状況節の中では，現実の叙法である直説法と意志決定の叙法である接続法の対立がおそらく最も明瞭に認められる節である。

第 12 章

目的節

目的節の言語学的性質

目的節は，非常に特殊な種類の原因，行動を起こさせる原因，つまり動機を表すことはすでに述べた。目的節によって表される過程は，目標とされる，達成されていない過程であり，このことは叙法の使用が常に接続法であることを説明してくれるであろう。原因節との類縁性については，接続詞(句) pour que の使用がそれを証明している。なぜなら， pour はしばしば原因の意味をもっているからである。Pourquoi の疑問は，実効のある原因（ドイツ語 wozu ? 英語 what for ?）についても質問することが可能であることに留意のこと。

接続詞による目的節で用いられる道具

それは，afin que, pour que[1], de crainte que, de peur que（十八世紀までは，crainte que も見られる）である：

　　Donnez afin qu'on dise : il a pitié de nous. (V. Hugo)
　　「こう言われるように，与えなさい：彼は私たちを憐れんでいると。」
　　　　　　　　　　　　　　　　　　　　　　　　　　　　(V. ユゴー)

単独で用いられた que もまた見られるが，しかし主節が命令法のときだけである：

　　Venez à moi, hommes modestes, que je vous embrasse. (Montesquieu)

---

(1) Pour que は，古典主義時代にフランス語に定着している。ヴォージュラはこう言っている：「これは，ロワール川沿いおよび少し前からは宮廷でも非常によく用いられている。これは，何の値打ちもないいくつかのやり方で使われている。」

「私のもとへ来なさい，謙虚な人びとよ，
私があなた方を抱きしめられるように。」（モンテスキュー）

接続詞によらない節による目的関係の表現

1°）前置詞（句）つきの不定詞。二つの節の主語が同じであれば，ごくふつうに pour, afin de, de crainte de, de peur de の付いた不定詞は接続法の代わりになる：

Les fleurs sont faites pour être cueillies. (J.-J. Rousseau)
「花は摘み取られるために作られている。」（J.-J. ルソー）

古典フランス語では，二つの動詞の主語が同じであることは不可欠ではなかった：

En quoi blesse le ciel une visite honnête ?
Pour en faire un vacarme à nous rompre la tête ?
(Molière, *Tartuffe*, I, 1)

「どうして誠実な訪問が神を傷つけるのか？
そのために私たちの頭が割れるほどの大騒ぎをするように。」
（モリエール，『タルテュフ』，一幕一場）

2°）単独の不定詞。これは，移動を意味する動詞[1]の後に見られる。時おり，不定詞の主語は主動詞の補語である：

Je m'en vais travailler à la bibliothèque.
「私は図書館へ勉強しに出かける。」
Il envoya l'enfant chercher du pain.
「彼は子供を食べるものを探しにやった。」

3°）関係詞節。接続法は，関係詞節に目的節の意味を与えることができる：

Je cherche quelqu'un qui me traduise ce passage.

---

(1) 古フランス語では、不定詞は一般に前置詞 à が付いていた。ラ・フォンテーヌにもまだ見られる：

Et suivant le dépit qui l'entraîne et l'enflamme,
Elle court à venger un si cruel dédain.
「彼女を引っ張り、彼女を熱くする恨みに従って、
彼女はとても残酷な軽蔑に復讐をしようと急ぐ。」

「私は，この一節を私に翻訳してくれるような人を誰か探しています。」

擬似目的節
次のような文では，pour は普通の意図の意味をもたない：

une mouche éphémère naît à neuf heures le matin pour mourir à cinq heures du soir.

「はかない命の蠅は朝の九時に生まれ，夕方の五時に死ぬ。」

しかしながら，意図には関係があって，ヴォルテールの次の詩句におけるように，「神の摂理による」意図なのである：

　　　　　　... le ciel fit les femmes
Pour corriger le levain de nos âmes,
Pour adoucir nos chagrin, nos humeurs,
Pour nous calmer, pour nous rendre meilleurs. (*Nanine*)

「・・・神が女を造ったのは，
われわれの心の悪種を正すためであり，
われわれの悩み，不機嫌を和らげるためであり，
われわれを鎮め，われわれをより良くするためである。」(『ナニーヌ』)

しかし，この意図はいうならば力が弱まった。二つの過程の間に単なる予想を立てるために，結局「目的の」言い回しを用いている。

Il arrive à 5 heures pour repartir à 8.

「彼は5時に着いて，8時にまた出発する。」

Ils ont des yeux pour ne pas voir.

「彼らは目をもっていて，見えない。」

目的節の位置
文法的な順序と時間的な順序とは，一般に一致していて，主節／従属節の順序を勧めている：

Tu m'as laissé la vie afin qu'elle te serve. (Corneille, *Héraclius*, I, 1)

「君は私の命を取らなかった，それが君の役に立つように。」
　　　　　　　　　　　　（コルネイユ，『エラクリユス』，一幕一場）

しかしながら，目的節が，行為を引き起こした動機をもたらすと考えるなら，目的節はかなり自然に先頭におかれうる：

Afin qu'il fût plus frais et de meilleur débit,
On lui lia les pieds, on vous le suspendit. (La Fontaine, *Fables*, III, 1)
「それがより新鮮で，よりよい売れ行きであるように，
その足を縛り，それをぶら下げた。」

(ラ・フォンテーヌ，『寓話』，三巻一話)

このように置かれると，目的節は時おり仮定の資質と等価になる：
Pour vivre heureux, vivons caché. [si nous voulons ...]
「幸せに暮らしたいなら，目立たずに暮らそう。」
Pour le faire mourir, pourquoi l'avoir fait naître. (V. Hugo)
「彼を殺させるなら，なぜ彼を生んだのか。」(V. ユゴー)

目的節中での語順

　主語の倒置は，目的節中ではまれである。ある時期には次の表現をしばしば耳にした：ils sont morts pour que vive la France.「彼らが死んだのは，フランスが生き残るためである」。この倒置は，«vive la France» という言い回しの影響よりもここではやはり，対立することによって互いに反対し合っている二つの用語 (morts, vive) を近づけようとする図式（キアスム）によって証明される。

むすび

　目的節の表現方法は，原因節や時を表す節のそれよりも減少している。〔目的を表す〕接続詞の数が限られているのである。表現方法の数も同じように限られている。

第 13 章

譲歩節

譲歩の概念の言語学的分析

次の文があるとしよう：quoiqu'il travaille, il ne réussit pas. この文は何を意味しているのか？論理的には，ある結果をもたらすに違いないであろう一つの事実が提出され，認められている：仕事は通常は成功の原因である。それにもかかわらず，その原因が目的を達していない。それゆえ，いわゆる「譲歩」と呼ばれるものは，実際は，効果がない原因の表現である。

われわれが研究してきたあらゆる種類の状況節について起こるように，この論理的関係は，多少とも弱められた形で提示されることがある。Tandis que, alors que, loin que, au lieu que 時には sans que で始まる節は，真に論理的な性格をもたない対立を表す。これらを「反意接続詞(句)」と呼ぶことを考えてもいいだろう。しかし，そのあとで下位グループを無限に創り出さないことが不可能であるなら，状況節の分類を増加させることには何の益もない。重要なことは，これこれの接続詞の使用が前提とする微妙な違いを意識することである。

われわれはまず，「譲歩」が過程全体に及ぶ譲歩節を研究するであろう；次いで，譲歩が形容詞または副詞に及ぶ節を(si ... que の型の)；譲歩が名詞または代名詞に及ぶ節を；最後に，譲歩関係のその他のタイプの表現を研究するであろう。

接続詞による型の譲歩節

譲歩関係は，quoique（もともとは que ... que），bien que（初めのうちは combien que），malgré que（これはもはや完全に正しいとはみなされない），encore que, nonobstant que（これは古くなっている）によって最も明瞭に表

される。Encore que は，効果がないというよりはむしろ不十分なものとして提出された原因という観念を与える：
> Encor qu'à mon devoir je coure sans terreur,　(Corneille, *Horace*, II, 3)
> 「私の義務に向かっては，恐れることなく駆けつけるのに，」
> 　　　　　　　　　　　　　　　（コルネイユ，『オラース』，二幕三場）

十八世紀までは，quoique がこの意味で用いられることができた：
> et comme il faut dîner, quoiqu'on ne soit plus en prison, je taille encore ma plume. (Beaumarchais)
> 「そして食事をする必要があるので，もう獄中ではないですが，私はまた羽を切ります。」（ボーマルシェ）

これらすべての節で，考えられている過程は現実であるにもかかわらず，原因としては効果がないという事実が接続法を一般化した。十七世紀までは，事柄の現実性を強調するためには，直説法が見られた。今日でもまだ，とりわけ未来または条件法で現れているが，おそらく言語使用者たちが自分たちの文を正しく作ることができないからであろう：
> La mienne, quoique aux yeux elle n'est pas si forte ...
> 　　　　　　　　　　　　　　　(Molière, *Ecole des femmes*, IV, 9)
> 「私のものは，見た目にはそんなに強くないのに・・・」
> 　　　　　　　　　　　　　　　（モリエール，『女房学校』，四幕九場）
> Bien que la nouvelle n'était pas officielle, on disait ce matin
> que M. G ... avait démissioné. (TF 1, 20h)
> 「このニュースは公式なものではありませんが，今朝，G … 氏は辞職したもようです。」（フランス第 1 テレビ，20 時）

Bien que ... ne fût ... と言うべきであろう。

譲歩または反意の意味をもつ第二の系列の節は，初めは時を表すものであった接続詞によって導かれる：tandis que, alors que, cependant que である。用いられる叙法は直説法である：
> Pierre travaille, tandis que son frère s'amuse.
> 「ピエールは勉強している，彼の兄（弟）が遊んでいる間に（→いるのに）。」

時間の関係が，反意の関係に帰着し得たことが分かるのである。心理的に，二つの過程を対立させるには，まず時間の面で二つを近づけることが必要なのである。

第三の系列の接続詞は，初めは空間的な観念を含むものである：loin que, au lieu que. ここでは，対立は，隔たりの観念・あるものを別のもので取り替える観念から生じている。用いられる叙法は，loin que については接続法である（というのは，考察されている過程が現実的ではないからである）：

> Et, loin que ma tendresse eût exposé ta vie,
> Tu verras ... (Racine, *Mithridate*, IV, 1)
> 「そして，私の思いやりが君の命を危険にさらしたどころか，
> ・・・が分かるだろう。」(ラシーヌ,『ミトリダートゥ』，四幕一場)

Au lieu que については，考察されている過程が現実的であるといつも直説法が用いられる：

> Fût-elle bergère, au lieu qu'elle est fille de roi. (Fénelon)
> 「彼女が，王の娘である代わりに，羊飼い女であろうとも。」
> （フェヌロン）

非現実的な過程を考察する場合は，普通は au lieu de を用いる：au lieu de travailler, il s'amuse.「働かないで，彼は遊んでいる。」 時おり au lieu que + 接続法も：

> Au lieu que son histoire l'ait encore calmé, on dirait plutôt qu'il s'aigrit. (J. Roman)
> 「彼（女）の話が彼をさらに落ち着かせたどころか，むしろ彼はいらだっているかのようである。」(J. ロマン)

譲歩の観念には，さらに仮定の観念が付け加えられる可能性がある。その場合，quand (bien) même を用いる：

> N'allez pas vous imaginer que je pense que vous soyez vers votre déclin, et quand même je le penserais, il ne faudrait pas, s'il vous plaît, en être offensée : je vois de ma chambre des couchers de soleils admirables.
> (Guilleragues, *Lettre à Mme de la Sablière*)
> 「あなたは衰退に向かっていると私が考えている，などと思い込まないでください，そしてたとえ私がそう考えているとしても，どうかそのことで憤ってはいけません：私は部屋から素晴らしい夕日を眺めているのです。」 （ギユラーグ,『ラ・サブリエール夫人への手紙』）
> Quand vous me haïriez, je ne m'en plaindrais pas.
> (Racine, *Phèdre*, II, 5)

「あなたが私を憎んでも，私は文句を言いません。」
(ラシーヌ，『フェードル』，二幕五場)

Sans que は，時おり譲歩の意味をもつ。用いられる叙法は接続法である：

Il y a plus de quarante ans que je dis de la prose sans que j'en susse rien. (Molière, *Bourgeois gentilhomme*, II, 4)
「私は散文について何も知らないのに，散文を口にしてから四十年以上になります。」(モリエール，『町人貴族』，二幕四場)

最後に，si の仮定的な意味は，時として，この接続詞が単に弱い対立を表すにいたっているほどに弱まっていることを観察できるのである：

Si la Cité est le cœur de Paris, le quartier latin en est l'âme. (Michelet)
「シテ島がパリの心臓なら，ラテン区はその魂である。」(ミシュレ)

譲歩は形容詞または副詞に及ぶ

フランス語はこの場合，次のような譲歩の意味の副詞を利用する：si ... que, pour ... que, quelque ... que, tout ... que。これらは接続法が続くが，tout ... que は別で，これは，考察されている品質の現実性を主張して，最良のフランス語では直説法と共に構成されるが，この構文では接続法が広まり始めているのである：

Pour grands que soient les rois, ils sont comme nous sommes
Véritablement hommes ... (Malherbe)
「国王たちが如何に偉大であっても，われわれと同じように，ほんとうに人間なのです。」(マレルブ)

La Grèce, toute polie et toute sage qu'elle était. (Bossuet)
「ギリシャが，如何に洗練され賢明であったとしても，」(ボスュエ)

この最後の例は，副詞として用いられた形容詞 tout の一致の問題を提起するが，これは古フランス語では常に変化し，子音または気音の h で始まる女性の語の前では変化するまま残っている。古いフランス語では，1650 年頃まで，quelque もまた変化していた。コルネイユの作品に読める例：

Quelques ardents qu'ils soient ...
「彼らがいかに熱心でも，・・・」

副詞として用いられた形容詞の不変化性を宣言したのは古典主義時代の文法家たちである。

譲歩は代名詞または名詞に及ぶ

その時，われわれは次のような諸タイプの文に関わるのであって，譲歩が代名詞に及んでいると：

1. Qui que tu sois, tu n'entreras pas.
「君が誰であろうと，入ってはいけません。」
2. Quoi que tu fasses, tu échoueras.
「君が何をしようと，失敗するだろう。」

あるいはまた形容詞に及んでいると：

3. Quels que soient tes métiers, ...
「君の仕事が何であろうと，・・・」
4. De quelque manière que tu travailles, ...
「どのように君が働こうとも，・・・」
5. Quelques arguments que vous m'opposiez, ...
「どんな説得手段をあなたが私に向けようとも，・・・」

気づくことは，譲歩の道具は，最初の場合は，que（少なくとも，もともとは関係詞）で受けられた不定代名詞である。留意すべきことは，quoi ... que は，この中の二つの要素は代名詞の機能をもっていたのだが，最終的には接続詞になったのであり，一語で書かれて，その中にある二つの要素はもはや固有の機能をもっていないということである。言い換えれば，quoi que tu fasses の型，ここでは que は fasses の補語であるが，この型から quoique tu travailles へと移ったのである。

Quelque の歴史もこれに比肩し得るものである。Quel は初めは可変型の，que で受けられた不定形容詞である：

En quel leu qu'ele soit. (Chrétien de Troyes)
「どんな所に彼女がいようと，」（クレチアン・ドゥ・トロワ）

この用法は，ずっと述語の機能で存在している（例 3）。しかし，付加形容詞の機能では，例 4 と 5 が示すように，quel ... que は quelque ... que に取って代わられた。

古典フランス語では，付加形容詞の quelque はまだ変化する関係詞によって受けられていた。人びとはこう言っていた：

Quelque indignation dont leur cœur soit rempli.

(La Fontaine, *Fables*, VIII, 14)

「どんな憤慨に彼（女）らの心が満ちていようとも，」
（ラ・フォンテーヌ，『寓話』，八巻十四話）

Hâtez-vous lentement, quelque ordre qui vous presse. (Boileau)
「どんな命令があなたを急がせようとも，ゆっくりと急ぎなさい。」
（ボワロー）

これらの言い回しはほとんど消滅した。

譲歩節の位置

　論証的な調子が，しばしば譲歩節を前に置くように仕向ける。譲歩節はまた，後から行われた一種の反省として，主節の後に提示されることがある。

譲歩節中での語順

　主語の倒置は譲歩節ではまれであるが，もちろん，関係詞節と同等とみられるすべてのタイプの文では別である。たとえば，pour grands que soient les rois という文では，que はもともと属詞の関係詞であって，その先行詞は形容詞 grands である。

譲歩関係の他の表現方法

1. 動詞の省略を伴った譲歩節：

　　Il était, quoique riche, à la justice enclin. (V. Hugo)
　　「彼は，裕福なのに，正義に傾きがちだった。」(V. ユゴー)

この構文は，譲歩節の主語が，その譲歩節が依存している節の主語と同じ場合しか，もはや可能ではない。このことは古典フランス語では必要ではなく，J.-J. ルソーは書いている：

　　On respecte ici les hommes, quoique dans la servitude.
　　「ここでは，男たちは隷属状態にあっても尊敬される。」

2. Tout で強調されたジェロンディフ：

　　Tout en me souhaitant du génie, elle se réjouissait que je fusse sans esprit. (Anatole France)
　　「私に才能を願いながら，彼女は私に才気がないのを喜んでいた。」
（アナトール・フランス）

3. Pour をつけた不定詞：

>   Ah ! pour être dévot, je n'en suis pas moins homme :
>   (Molière, *Tartuffe*, III, 3)
>   「あー，信心家であるといっても，私はやはり人間です！」
>   （モリエール，『タルテュフ』，三幕三場）

4. 並位，つまり pourant, cependant, et avec cela, néanmoins, nonobstant （古くなった）によって導かれている，主節と等価の節：
>   Il travaille, et pourtant il ne réussit pas.
>   「彼は働いている，それなのに成功しない。」

5. ガリシスム：avoir beau[1]：
>   Il a beau travailler, il ne réussit pas.
>   「彼がいくら働いても，成功しない。」

譲歩関係の表現は，したがって，原因関係の表現と同じくらい変化に富んだ形態があり，その上譲歩関係はこの原因関係と関連を保っているのである。

---

(1) John Orr と Manfred Sandmann は，この言い回しでは，まず名詞化された不定詞が関係したことを示した。したがって，A beau mentir qui vient de loin（諺）は «Il a mensonge aisé, celui qui vient de loin» 「遠くから来た人は容易に嘘をもつ」と解されていた。譲歩の意味は，次のような表現形式からごく自然に発展し得たことが分かるのである：«Il a beau mentir, d'abord ; mais on ne le croira pas.» 「彼は容易に嘘を言う，結構；でも人は彼を信じないだろう」。次いで：«il mentira tant qu'il voudra, on ne le croira pas» 「彼は好きなだけ嘘をつくだろうが，彼を信じませんよ」。

第 14 章

仮定節

　仮定節の章は，この仮定という関係の表現に介在して，近代フランス語にまで痕跡を残した深い変化の故に，最も難しい章の一つである。われわれはまず，接続詞 si によって導かれる「仮定体系」を，次いで仮定のその他の表現手法を研究するであろう。例外的に，si によって導かれる節の研究は，R.-L. ヴァグネル氏のとても重要な著作 [1] を利用しつつ，歴史的な観点から示されるであろう。

A　Si によって提示される仮定体系

古典ラテン語の状態
　通常，ラテン語には，従属節の叙法と主節のそれとの間には緊密な関係が存在していた。すべての仮定体系の中で直説法のこともあり，接続法のこともあった。
　直説法は，その真実性に関する判断を表さずに，仮定を述べていた。仮定は，純粋に論理的なタイプのこともあれば：
　　si dei sunt mali, non sunt dei.
　　(«si les dieux sont méchants, ce ne sont pas des dieux.»)
　　　「神々に悪意があるなら，それは神ではない。」
未来に及ぶこともあって，この場合，従属節中にはふつう前未来が見られる：

---

(1) *Les phrases hypothétiques commençant par **si** dans la langue française, des origines à la fin du XVIe siècle*, 『起源から十六世紀末までのフランス語における si で始まる仮定文』、Paris, Droz, 1939.

> librum si inuenero, tibi dabo.
> («si je trouve le livre, je te le donnerai.»)
> 「私がその本を見つけたら，それを君にやるよ。」

　接続法は，多少とも不確実な仮定を示していた。接続法現在は，実現不可能ではない（「潜在的な」）仮定を述べていた：

> si diues sim, felix sim.
> («si j'étais riche, un jour, je serais heureux. »)
> 「もしいつの日か私が金持ちになったら，幸せだろう。」

　接続法半過去は，仮定をはっきり現実に反するものとして提示していた：

> Si diues essem, felix essem.
> («Si j'étais riche, mais je ne le suis pas, je serais heureux.»)
> 「私は金持ちではないが，もしも私が金持ちだとしたら，幸せだろうに。」

　接続法大過去は，現実に反するが，しかし過去における仮定を述べていた：

> Si diues fuissem, felix fuissem.
> («Si j'avais été riche, j'aurais été heureux»)
> 「もしも私が金持ちだったとしたら，幸せだっただろうに。」

　もちろん，過去の非現実的な仮定（大過去によって表される）に，現在の非現実的な結果が対応することもあり得た。

　この体系は，正確で論理的であるが，俗ラテン語で動詞の語形体系に起こった変化のため，崩れてしまった：たとえば，前未来と接続法の半過去との古い形式は消滅してしまい，多少とも他のもので補充された。古フランス語の仮定体系は，その結果，古典ラテン語の体系とは大きく異なっており，かつよりいっそう簡潔なものとなった。

古フランス語初期の状態

　「論理的な」仮定の体系は変わらなかった。これに反して，未来に関する仮定は，前未来の喪失が目立っている。最も古いテクスト以来，この体系は「Si＋現在／未来」である：

> Si Lodhuvigs sagrament ... conservat, et Carlus ... non le suon tanit,
> in nulla adjudha contra Lodhuwig li iu er.
> («Si Louis garde son serment, et Charles ne tient pas le sien,

je ne lui serai de nulle aide contre Louis.»　　er = serai)
(Serment de Strasbourg, an 842)

「もしルイが自分の誓約を守り，そしてシャルルが自分の誓約を守らないなら，私は彼にルイの意に反する如何なる助力もしないであろう。」
(『ストラスブールの誓約書』，842 年)

　接続法半過去（語形については，古い大過去から出ているが）はそれだけで，現在または過去の可能性，非現実を表す：

　　Si je trovasse un serjant, je te fisse pendre. (Farce de maître Pathelin)
　　「もし警察官を見つけたら，私はおまえを絞首刑にしてもらうだろう。」
(笑劇『パトラン先生』)

　　Ne ce li deïst ja
　　s'a li n'eüst grant accointance. (Chrétien de Troyes)
　　(« = et cela, il ne lui aurait jamais dit,
　　s'il n'avait eu une grande familiarité avec elle.»)
　　「そしてそのことを彼は彼女に決して言わなかっただろう，
　　もしも彼女とたいへん親しくなかったとしたら。」
(クレチアン・ドゥ・トロワ)

　結局，古フランス語の初期にはいつも，「si ＋半過去／条件法」の構文が現れているのが見られるのであり，これが時間上の移行によって，「si ＋現在／未来」の構文と入れ替わるのである。「si ＋半過去／条件法」の構文は，現在の可能性または非現実の意味をもち，したがってこの用法では「si ＋接続法半過去／接続法半過去」という言い回しと重なるが，しかし過去の非現実と等価ではない。ジョナス（十世紀）の詩の中に非常に古い用例がある：

　　E io ne dolreie de tanta millia hominum, si perdut erent.
　　(«Et moi, je ne me soucierais pas de tant de milliers d'hommes,
　　s'ils étaient perdus.»)
　　「そして私としては何千人もの人びとのことを気にはかけないだろう，
　　もしも彼らが居なくなったとしても。」

　要するに，近代的な体系の輪郭は，非常に古い時代にすでに存在していた。接続法半過去を含む言い回しが非常に頻繁であるとしても，今日のものに比肩し得る文が，あちこちに現れているのが見られる。最古の武勲詩の一つである le Couronnement de Louis 『ルイの戴冠』の次の数行があるとしよう。キリス

ト教徒たちの擁護者に立ち向かおうと，訴訟でその擁護者に勝とうと努力している巨人コルソ (Corsolt) に関するところである：

> Se tu voleies Mahomet aorer (...)　　　(v. 807)
> Je te donreie onor et richeté　　　　　(v. 809)
> 「もし君がマホメットを崇拝したかったら・・・
> 私は君に封土と富を与えるだろう」

また，少し後に：

> Se tu vuels faire tot mon comandement (...)　　(v. 855)
> Je te donrai onor et chasement　　　　　　　　(v. 857)
> 「もし君が私の命令をみな実行したいなら・・・
> 私は君に封土と領地を与えるだろう」

彼の最初の申し出は，疑いを含んだ口調で示されている：«si tu voulais adorer Mahomet, je te donnerais fief et richesse.» 二番目の申し出は，まるで肯定の返事が近いかのように，よりしつこい，より説得的な口調でなされている：«si tu veux faire ce que je te demande, je te donnerai fief et châtellerie.» したがって，このテクストではもうすでに，フランス語が提供する表現の可能性を文体的に利用しているのである。

仮定体系の進化

この体系は，フランス語の歴史を通して，いくつかの点で進化している。一方では，接続法大過去の使用によって，過去に関する仮定（過去の非現実）と現在に関する仮定とが区別される傾向がある。こうして，前に挙げたクレチアン・ドゥ・トロワの例（111 ページ参照）は，十六世紀にはふつう次のようになるだろう：

> Et ce ne lui eust-il ja dit,
> s'il n'eust eu avec elle grande accointance.

他方では，「si ＋半過去／条件法」の体系は，現在の可能性または非現実の仮定を表すために，「si ＋接続法半過去／接続法半過去」の体系を侵食して広まった。十五世紀以降，二，三の助動詞に関する場合 (dût, pût, ...) を除いては，この入れ替えは，ほとんど完了している。

最後に，半過去と条件法との複合時制の形成は，次のようなタイプの，過去の非現実の新しい体系の創造に到達している：

S'il était venu hier, il m'aurait touvé.
「もしも彼が昨日来ていたとしたら，彼は私を見つけていたであろうに。」

近代フランス語の仮定体系

　論理的な仮定は，われわれが推論の中で行うように，主節の中でも従属節の中でも常に直説法によって表される：

　　Si les dieux sont méchants, ce ne sont pas des dieux.
　　「もし神に悪意があるなら，それは神ではない。」

　未来に関わる仮定は，古フランス語以来，変わらない体系によって表される（「si＋直説法現在／未来」）：

　　Si tu viens demain, tu me trouveras.
　　「君が明日来れば，私を見出すだろう。」

気づくであろうことは，ラテン語で前未来によって表された時間的な見通しは，フランス語では単なる現在によって表されていることである。

　「想像上のこと」と考えられる仮定は，現在の現実と矛盾していようといまいと，「si＋半過去／条件法現在」によって表される：

　　Si tu voulais, nous irions nous promener.
　　「もしも君が望むならば，われわれは散歩に行くであろうに。」

　過去に想定される想像上の仮定は，「si＋直説法大過去／条件法過去」によって表される：

　　Si tu étais venu hier, tu m'aurais trouvé.
　　「もしも君が昨日来ていたとしたら，君は私を見つけていただろうに。」

　要するに，フランス語では，しばらくの間は実現されると考えられる仮定（«si tu viens»）と想像上の仮定（«si tu venais»）とを区別しているのである。

　N.B. 1. このように記述された体系と並んで，古い事態の無視できない痕跡が残っている。Si によって支配された体系にもはや接続法の半過去を見出すことはないとしても，接続法の大過去は常に可能であって，従属節中でも主節中でも，それぞれ直説法大過去の代わりにも条件法過去の代わりにもなる：

　　S'il eût osé, il l'eût abordé.
　　S'il eût osé, il l'aurait abordé.
　　S'il avait osé, il l'eût abordé.

「もしも彼が敢行していたとしたら，
彼はそれに取り組んでいたことだろう。」

N.B. 2. いくつかの初級文法書は，これらの活用形を条件法過去第二形と名づけている。この呼称は，語形的に根拠がない（接続法大過去のことである）と同様に統語的にも根拠がない：つまり，si の後に用いられたこれらの語形〔接続法大過去〕を見たばかりであるが，その用法は条件法〔過去〕には可能ではないから。

B 仮定の他の表現方法

接続詞による他の（仮定）節

接続詞 que は，他の接続詞の大部分に対してと同じように，si の代わりになり得ることをまず指摘しておこう。興味ある独自性は，この場合，このようにして導かれた節は接続法に置かれることである：

Si on la laisse [une rue] sur la droite et que l'on suive le bas de la côte Saint-Jean, bientôt on arrive au cimetière. (Flaubert)
「街並みを右側に残し，サン・ジャン丘陵の下を通っていくと，やがて墓地に着く。」（フローベール）

この接続法は，que によって引き出されたと言うのは正しくないだろう，なぜなら古フランス語では，que は用いられなかったが，やはり接続法が見られた：

Si honte ne craignoie
Et j'eüsse cette loi ... (Chanson du XVe siècle)
「もし私が恥を恐れなかったなら，
そしてもしこの教えをもっていたなら ...」（十五世紀の歌謡）

実際は，この叙法の変化は，むしろ二番目の条件節が初めの条件節と同じ平面上にはないということを示しているように思われる。

Pourvu que, pour peu que, à supposer que, à conditon que, à moins que は，接続法とともに構成される。これらの成句の最後の二つは，à conditon de, à moins de（古典フランス語では，à moins que de）に換えることができる。A (la) conditon que はまた，未来とともに見られる。

Au cas où は直説法を引き出し，en cas que（古くなった）は接続法を引き出

す。

　Si ce n'est que と古典フランス語で sans que は，直説法とともに構成される：

　　J'y aurais fait réponse plus tôt, sans que j'ai su que vous couriez par votre Provence. (Mme de Sévigné)
　　「私はもっと早くそれに返事をしていたでしょうに，あなたがあなたのプロヴァンス地方を走ることを私が知っていなかったら。」
（セヴィニェ夫人）

　条件法を伴った quand (bien) même については，われわれは条件節と譲歩節（極端な仮定）の境界にある。これに対し，même si はよく仮定節を導き，si のように構成される。

　Comme si については，これは想像上の事柄との比較を導くために用いられる：

　　Il crie comme si on l'écorchait.
　　「彼は，皮を剥がれるかのように叫ぶ。」

　これらの節には常に直説法の半過去または大過去が見られる（この大過去は，前に研究した古い用法に従って，接続法の大過去で置き換えることができる）。この構文は，比較が言外の非現実の事柄に及んでいるのだから，驚くには当たらない。上に引用した例では，«il crie comme (il crierait) si on l'écorchait.»。いくつかの場合には，その上，動詞の語形に及ぶいくぶんの変更，たとえば，受動形から能動形への移行のような変更のために，繰り返しが必要である：

　　Ce qu'on reproche le plus aux Anglais, c'est le supplice de Charles Ier, qui fut traité par ses vainqueurs comme il les eût traités s'il eût été heureux. (Voltaire, 8e *Lettre Philosophique*)
　　「イギリス人が最も非難されていることは，シャルル一世の刑罰であって，シャルル一世は勝利者たちによって，彼が幸運だったなら彼らを扱ったであろうように扱われた。」（ヴォルテール，『哲学書簡』，第八）

　これに対して，comme si は，論拠として，――そしてそれは，比較に訴えることと原因の探求との間の本源的な類似性がいま一度観察されるところであるが――不合理な仮定を導くときは，まったく分割できないものとなり，この不合理な仮定の排斥は感嘆的なイントネーションによって表されるのである：

　　Nos gens d'église (...) ont pourtant encore quelques maximes qui paraissent plus fondés sur le préjugé que sur la raison. Telle est celle qui blâme la danse et les assemblées : comme s'il y avait plus de mal à danser qu'à chanter, que chacun de ces amusements ne fût pas une inspiration de la nature, etc.

(Rousseau, *Nouvelle Héloïse*, IV, 10)

「わが国の教会関係者たちは，それでもまだ，理性よりも偏見に基づいていると思われるいくつかの道徳基準をもっている。踊りや集会を非難するのがそうだ：歌うことより踊ることがよけいに悪いかのように，こういう楽しみのそれぞれが自然の感興ではないかのように，など。」

(ルソー，『新エロイーズ』，IV, 10)

Comme si が，皮肉な調子で，ばかげた主張を退けるために，単独で用いられることさえある。この言い回しは，話し言葉だけのもので，辞書や文法書に採録されてはいない。

動詞の省略を伴う接続詞

Si の後での動詞の省略は，古典主義時代までは可能であった。モリエールは書いている：

Si j'épouse une femme avare, elle ne me ruinera point ; si une joueuse, elle pourra m'enrichir ; si une savante, elle saura m'instruire, etc.

「もし私が倹約家の女と結婚すれば，彼女は私を破産させないだろう。
もしギャンブラーなら，私を豊かにすることができるだろう。
もし物知りの女性なら，私を教育することができるだろう。」

今日なら，こう言うだろう：«si c'est ..., s'il s'agit ...»

並位または等位

フランス語は，時には et または que によって結ばれることもある二つの節の単なる並置によって仮定を表すための柔軟で多様な方法をもっている。すべての場合に，強い上昇型のイントネーションが，疑問にまでいって，最初の節が仮定の意味をもつことを強調している。叙法は次のようになることが可能である：a) 直説法(論理的仮定)，b) 接続法現在(偶発性)，c) 命令法(同じニュアンス)，d) 条件法(可能性)，e) 接続法半過去(望まれないが，限界と考えら

れる仮定），f) 接続法大過去または条件法過去（過去における，現実に反する仮定）。語順が，こうした構文ではしばしば一つの役割を演じている（キアスムの効果）。結局，気づくであろうことは，これらの構文の大部分が文体的効果の追求を含んでいることである（活発さ，懐古調，など）。

以下は，上で指摘されたさまざまな種類に対応する用例である：

a) Je le chasse, il revient ; je l'étouffe, il renaît.

(Corneille, *Tite et Bérénice*, I, 1)

「私が彼を追いかけると，彼は戻ってくる；私が彼を息苦しくさせると，彼は生き返る。」（コルネイユ，『ティットとベレニス』，一幕一場）

Votre fils est bègue (...) Ne le faites pas monter à la tribune. (La Bruyère)
「あなたの息子さんはどもりです（・・・）彼を登壇させないで下さい。」

（ラ・ブリュイエール）

Ne faut-il que délibérer ?
La cour en conseillers foisonne. (La Fontaine, *Fables*, II, 2)
「審議する必要はないですか？
裁判所は助言者がたくさんいますよ。」

（ラ・フォンテーヌ，『寓話』，二巻二話）

b) Vienne encore un procès, et je suis achevé. (Corneille, *Menteur*, II, 8)
「また訴訟になるならなれ，そしたら私は完全に破滅する。」

（コルネイユ，『嘘つき男』，二幕八場）

c) Mange une de ces fleurs tragiques de l'été,
Et tu meurs. (V. Hugo)
「夏のこれらの悲劇的な花々の一つを食べなさい，
そうすると君は死ぬ。」（V. ユゴー）

この最後の例で，時おり「最高潮到達の **et**」（シュピッツァー）と言われるものに留意のこと。

d) Viendrait-il, que je ne le recevrais pas.
「彼は来るかも知れない，でも私は彼を受け入れないだろう。」
Je le verrais, que je ne le croirais pas.
「私は彼に会うかも知れないが，私は彼を信じないだろう。」

この二番目の例で，que は単なる連結辞である。これは時おり「逆従属関係」の場合と呼ばれるものである。

e) Dussé-je être blâmé, je vous soutiendrai. (Littré)
「私は非難されるに違いないだろうが，あなたを支持するだろう。」
(リトレ)

... Je voudrais, m'en coûtât-il grand chose,
Pour la beauté du fait, avoir perdu ma cause.
(Molière, *Misanthrope*, I, 1)
「・・・そのために私には多くの出費になるだろうが，
欲得抜きで，敗訴してしまうことを望むだろう。」
(モリエール，『人間嫌い』，一幕一場)

観察されることは，偶発性が記されるのは：1°) 倒置によって；2°) 条件法の価値をもつ接続法半過去によってである。この二つの例の二番目は，懐古調である：「法助動詞」(devoir, falloir ...) だけが，まだこの言い回しに現れることがある。

f) Eussé-je été seul, je crois bien que j'aurais renoncé. (Gide)
「私が一人だったとしたら，あきらめてしまっただろうと思う。」(ジッド)
On l'aurait laissé faire qu'il attaquait le soir même. (Dorgelès)
「人びとは，彼がちょうどその晩に攻撃するのを，なすがままにしておいたことだろう。」(ドルジュレス)

これら二つの言い回しの間の形式の違いに留意のこと。初めのほうは懐古調であり，後のほうは近代的である。意味は同じである。

分詞または不定詞による仮定の表現

とりわけ古典主義時代には，次のような文が見られる：

Mourant sans déshonneur, je mourrai sans regret.
(Corneille, *Le Cid*, II, 8)
「恥辱なしに死ぬなら，私は悔いなく死ぬだろう。」
(コルネイユ，『ル・シッド』，二幕八場)
A vaincre sans péril, on triomphe sans gloire. (Corneille, *Le Cid*, II, 2)
「危険なしに征服するなら，栄光なしに勝利を収める。」
(コルネイユ，『ル・シッド』，二幕二場)

仮定のニュアンスが，これらの言い回しには存在している。それは純粋なものではない：原因の（他の場合には，譲歩の）ニュアンスがしばしばそれに付け

加えられる。

関係詞節による仮定の表現
　関係詞節に関して述べたように，qui で始まる節は，しばしば «si quelqu'un ...» と等価である：
　　Qui veut noyer son chien l'accuse de la rage.
　　　　　　　　　　　　　　　　　　(Molière, *Femmes savantes*, II, 5)
　　「自分の犬を溺れさせたければ，それが狂犬病だと非難する。」
　　　　　　　　　　　　　　　（モリエール，『女学者』，二幕五場）
もっと前，59 ～ 60 ページの他の例を参照のこと。

むすび
　フランス語は，仮定を表すために，非常に均質な体系をもっている。この体系では，si ＋現在／si ＋半過去という対立が，仮定を立てる二つのやり方に対応していて，初めの場合は仮定が実現されると想定するのであり，二番目の場合は仮定を想像上のものとみなすのである。その上，多くの他の言い回しが仮定を表すのを可能にしているのは，イントネーションが，そこから生じる過程に対して一種の「データ」(donnée) の役目をはっきりと示す場合である。

第 15 章

比較節

比較節の言語学的性質

　比較に訴えるという手法は，抽象化を嫌って具体的な目標を用いることが必要な人間精神の本質に根源がある。したがって，比較の特権的領域は，一方では自然体の言語であり，もう一方では詩の言語である：

　　Nous nous aimions comme deux veaux de la même écurie. (Marivaux)
　　「私たちは，同じ厩舎の二頭の子牛のように愛し合っていた。」
　　　　　　　　　　　　　　　　　　　　　　　　　　　　（マリヴォー）
　　Sa barbe était d'argent comme un ruisseau d'avril. (V. Hugo)
　　「彼のひげは，四月の小川のように銀色だった。」（V. ユゴー）

逆に，比較はいくつかのタイプの知的な言語ではまれなことがある。フローベールのいくつかの作品では，ページ毎に一つか二つ，時には三つの比較がある。『ポルトガル便り』では，十ページ毎に一つの比較しかない。

　比較によって打ち立てられる関係は，部分的か全体の，質の面か量の面での，符合の関係であり得る；それはまた，程度の関係でもあり得る。こうしたことから，以下で採択されるであろう研究プランが出てくるのである。

全体的符合

　過程全体に及ぶ関係にかかわることである：

　　Comme de longs échos qui de loin se confondent
　　Dans une ténébreuse et profonde unité,
　　Vaste comme la nuit et comme la clarté,
　　Les parfums, les couleurs et les sons se répondent. (Baudelaire)

「遠くから混ざり合う長いエコーのように,
暗くて深いまとまりのなかで,
夜のようにまた明るさのように広大な,
芳香と色彩と音響が反応し合っている。」(ボードレール)

最もよく用いられる接続詞は comme であり, 古典ラテン語の quomodo から来たもので, 関係詞の価値をもっていた。留意すべきは, 否定の主節が先行すると, 比較は卓抜さを記すのに役立ち得ることである:

Rien n'est utile comme de fréquenter une maison riche. (Flaubert)
「裕福な家に頻繁に出入りするほど有益なことはない。」(フローベール)

Comme のほかに, ainsi que, de même que, de la même façon que などによってもなお全体的比較が表される。

留意すべきは, いくつかの場合には, 比較の観念から原因の観念に容易に移行することである(「比較は理由ではない。」という諺があるが, それはしばしば比較が理由の役目をするからである)。われわれはすでにこのことを原因節の研究のところで指摘した(86ページ)。以下に別の例を挙げよう:

Ainsi que les vices sont frères,
Les vertus devraient être sœurs. (La Fontaine, *Fables*, VIII, 25)
「悪徳たちが兄弟であるように,
美徳たちは姉妹であるに違いないだろう。」
(ラ・フォンテーヌ,『寓話』, 八巻二十五話)

この一節中では, 接続詞 ainsi que は, ほとんど puisque の等価語である。

すでに見たことであるが(115ページ), 比較は想像上の過程に及ぶこともあり得る:《il baille comme s'il avait faim.》「彼は空腹であるかのように, あくびをしている。」この場合は, 条件比較節という語を用いてもよい。

数量の符合

この比較は, 動詞, 実詞, 形容詞に及ぶことが可能である:

Il estime Rodrigue autant que vous l'aimez. (Corneille, *Le Cid*, I, 1)
「あなたがロドリーグを愛していると同じくらい彼はロドリーグを尊敬している。」(コルネイユ,『ル・シッド』, 一幕一場)

Il a autant d'or que d'argent.
「彼は, 銀と同じくらい金をもっている。」

第 15 章　比較節　　　　　　　　　　　　　　　　　　　　123

　　Vous n'êtes pas aussi populaire que vous le dites. (A. France)
　　「あなたは自分でいうほど人気はない。」(A. フランス)
　留意すべきは，否定の後では，autant que, aussi que は通常，tant que, si que に縮小されることである：
　　Rien ne nous rend si grands qu'une grande douleur, (Musset)
　　「大きな苦悩ほどわれわれを大きくするものはない。」(ミュッセ)
　A l'égal de は，実詞が後にきて，autant que と等価である：
　　Je l'adore à l'égal de la voûte nocturne. (Baudelaire)
　　「私は夜の天空と同じほど彼を熱愛しています。」(ボードレール)
　並位の言い回しも見られ，従属関係の言い回しよりも力強い：
　　Tant vaut l'homme, tant vaut la terre.
　　「人の値打ちだけ，その土地は値打ちがある。」
　　Autant de passants, autant de drames insoupçonnés.
　　「通行人と同じ数だけ多くの思いがけないドラマがある。」
　留意すべきは，従属節と等価の要素は，二つの節の初めのほうだということである。

質的な符合

　これはいくつかの言い回しによって示される：tel que, le même que, le même qui, これはより古い言い回しで，ラテン語の idem qui と比較し得るものである。形容詞 pareil à, semblable à などは数にいれないで。
　ここでもなお，並位の言い回しをもつことができ，それは比較の観念に比例関係の観念を付け加えている：
　　Tel père, tel fils.
　　「このような父，そのような息子。→この父にしてこの息子あり。」
　反対の観念は，autre que によって表される：
　　J'ai d'autres soucis que ceux-là.
　　「私は，それらの心配ごととは別の心配ごとがあるんです。」

比較の度合い

　すでに研究した同等関係は除外しよう (aussi ... que)。残るのは優等比較級と劣等比較級である。いわゆる分析的および総合的な形式の研究と配分について

は，歴史文法を参照するであろう。

しかし，触れておく必要があるのは，度合いという観念に好みという観念が結びつくことであり，これは plus tôt que から来た plutôt que で表される：これら二つの形は古典フランス語では区別されていない。構文の問題点が一つ。二つの補足節の内容を比較したい場合，二番目のほうに論理的には que que を用いる必要があるだろう（ラテン語 quam quod, 英語 than that, ドイツ語 als dass）。古フランス語では，通常 que を一回しか用いなかった。近代フランス語では，時には que si を用いたり，時には不定詞によって表す：plutôt que de, plutôt que de voir.

注記：古フランス語では，比較級の後にしばしば接続法が見られた：

    Je suis mius prinches qu'il ne soit. (*Jeu de la Feuillée*)
    「私は彼よりもより以上に主要な人間だ。」（『葉蔭劇』）

この接続法は，近代フランス語に現れる ne と心理的に同じように説明される：

    Il est plus grand que ne l'est son frère.
    「彼は，彼の兄（弟）よりももっと背が高い。」

この否定形〔虚辞の ne のことを指す〕は，«son frère n'est pas si grand.»「彼の兄（弟）はそんなに大きくない」という考えに対応している。同じく，接続法は考察されている過程を退ける傾向がある（«loin qu'il soit plus prince, c'est moi qui le suis davantage.»「彼がより主要な人物であるどころか，いっそう主要な人物なのは私だ。」）。

比例関係

度合いの観念に，比例の観念が付け加わると，真の原因関係に移行する：

    Et je le poursuivrai d'autant plus qu'il m'évite. (Racine, *Britanicus*, I, 1)
    「そして，彼が私を避ければ避けるほどますます私は彼を追いかけるでしょう。」（ラシーヌ，『ブリタニキュス』，一幕一場）
    Plus je vieillis et moins je pleure. (V. Hugo)
    「私は年を取れば取るほど次第に泣かなくなります。」（V. ユゴー）

D'autant plus que は，古典フランス語では，比例する原因を表していたが，近代フランス語では強調された原因または付帯的な原因を表す傾向がある（もっと前のほうの 85 ページを見よ）。比例する原因は，近代フランス語では，plus … plus, à mesure que, au fur et à mesure que（fur はこの成句では，ラテン語

の forum から来ており，「市場」の意味から，後に「相場」の意味になった)に よって表される。

　前置詞もまたこの関係を表すことができ，とくに avec がそうである：
　　Toutes les passions s'éloignent avec l'âge. (V. Hugo)
　　「すべての情熱は，年齢とともに遠ざかる。」(V. ユゴー)

省　略

　どの比較体系においても，いくつかの用語は，比較されるものと比較するものとに共通である。その場合に，その共通の用語を繰り返すこともできるし(少なくとも理論的には [1])，他の語で受けることもできるし，省略することもできる：
　　Il est plus grand que son frère n'est grand.
　　Il est plus grand que ne l'est son frère.
　　Il est plus grand que son frère.
　　「彼は，彼の兄(弟)よりも背が高い。」
　興味ある問題は，動詞を受けるときの問題である。Faire は，補語なしで用いられた動詞を受けることができる (être と avoir は除く)：
　　Personne n'a, Madame, aimé comme je fais.
　　　　　　　　　　　　　　　　(Molière, *Misanthrope*, II, 1)
　　「奥様，誰も私が愛しているように愛した人はいません。」
　　　　　　　　　　　　　(モリエール，『人間嫌い』，二幕一場)
　動詞に補語があれば，近代フランス語では，その補語への指示なしに用いられる faire によってこの動詞を受けることはできない：
　　On regarde une femme savante comme on fait une belle arme.
　　　　　　　　　　　　　　　　　　　　　　　　(La Bruyère)
　　「人びとは，立派な武具を見るように，女学者を見ます。」
　　　　　　　　　　　　　　　　　　(ラ・ブリュイエール)
次のように言わなくてはならないだろう：comme on le fait d'une ...

---

(1) 歴史的には，il est plus grand de son frère から il est plus grand que son frère へ移行した。

したがって,「代理語」の働きの動詞 faire の使用は，繰り返されない観念を表す代名詞を伴わなければ，後退しているように思われる[1]。

むすび

いくつかの副詞的成句または二, 三の形容詞を除いて, 比較関係をはっきりと表すことが問題であるとき, 接続詞や接続副詞には代理語はほとんどない。こうした言い回しは, しばしば作家たちにとってはかなり重い感じに思われ, 彼らはその使用に変化をつけようと努力している。しかし, 他の場合には彼らの作品では比較は隠喩によって置き換えられていて, これは特別な文法的表現手段を含んではいない。

---

[1] 初めの動詞が否定を伴っていると, faire で受けることは肯定の過程を表すだけであることもまた留意のこと: il ne travaille pas comme fait son frère は «comme son frère travaille» を意味する。Il ne travaille pas comme son frère は曖昧である: 少なくとも, この意味は句読点次第である。

第 16 章

結 論

フランス語の文の「法則」

　文の「法則」というこの語によって，統語的観点から節の構成を取り仕切るさまざまな規則をまた取り上げることが問題なのではない。ここではこの用語によって，われわれが意味するのは，これまでに行った個別の説明の中で，その方面では，しかるべき場所を見出せなかった一般的特性の観察のような，われわれが見つけられると信じたそして再編成され得るいくつかの傾向である。

接続詞の曖昧さ

　何度か繰り返して観察したように，同じ「接続の道具」がさまざまな関係を表すのに役立ち得るのである。このことは，que についてはもちろんその通りであって，que は単独で用いられたり，他の接続詞 (si, quand, etc.) を引き継いで用いられたりして，時には補足を表し，時には原因を表し，時には結果を表し，時には目的を表すことなどが可能である。しかし，quand は，時を表す節か仮定節を導くことができ；si は仮定節か間接疑問節を；dès que は時を表す節か原因節を；comme は比較節か原因節を導くことができる，などである。

　それは，われわれが規定した論理的関係が，われわれが思っていたよりは明瞭ではないということであろうか？そうは思われない。ほんとうのところは，言語は，この領域では意味作用と同じだけの記号を必要とはしないということである：論理的な関連性は，目の前にある観念の関係そのものからは解き放たれている。その上，節の順序が非常に重要な役割を演じる可能性がある。主節の前に置かれた pour ＋不定詞という表現は，譲歩を表すこともできれば (Ah! pour être dévot ...「ああ，信仰心が厚いのに・・・」)，仮定を表すこともできる (Pour vivre heureux, vivons cachés.「幸せに暮らすのなら，隠れて

暮らそう。」)。言語学者たちの観察は，接続詞は何よりも連結を示す役目を担っているということである。その上で接続詞が表す論理的関係は，ある程度はぜいたくな性格をもっている。

しかし，この観点から，フランス語は必要なときには表現の道具が，そして叙法の選択を伴った接続詞が相対的に素晴らしく豊かであることをやはり観察すべきであり，これこそ論理的関係の最も繊細なニュアンスである。

語順と節の順序

近代フランス語において，語順を規制している主要な法則または傾向を思い出してみよう：

1°) 文法的要素が豊富な伝統的語群（たとえば，補語代名詞の場合）と特殊な音声的構造（前接語の場合）とを除いて，フランス語はいわゆる「論理的」語順，すなわち被限定語句から限定語句へという語順に向かう傾向がある。

2°) この順序は，とりわけ 主語－動詞－補語 あるいは 主語－動詞－属詞 という組み合わせにおいては不可欠である。直接および間接目的補語のそれぞれの位置に関しては，この順序が最も「論理的」であるとはいえ，それほど強制的ではない。状況補語，とりわけ場所と時の状況補語については，なおいっそう大きな自立性をもち，それゆえ論理的理論的な順序からはよりしばしば免れており，それが状況補語の最終的な位置を与えているようである。

3°) フランス語は，文法的脈絡のない語の連続を嫌う。それが La reïne l'espee prist.「王妃は剣を取った」のような構文の消滅を部分的に説明するものであるが，このような構文は古フランス語ではまだ頻繁に見られ，これをインド・ヨーロッパ諸語の「原初の」語順と見る言語学者もいるのである。また見ておくべきは，次のような型の疑問の消滅：

Peste, où prend mon esprit toutes ces gentillesses ?

(Molière, *Amphitryon*, I, 1)

「へえ，私の精神は，どこでこれらすべての気の利いたことを見つけるのか？」（モリエール，『アンフィトリオン』，一幕一場）

そしてまた，動詞が目的語をもつ場合に，次の文のように関係詞節中で主語を倒置することができないこと：

*l'ami à qui a acheté mon père une maison.

「私の父が（友人から）家を買ったその友人。」

第16章 結論   129

4°) 別の種類の選択で，フランス語は，「次第に大きくなっていく塊」で文を構成する傾向がある。このことはいくつものレベルで顕著である。豊かな表現性を特別に追求する場合を除いて，話し手はイントネーションの上昇部が下降部と少なくとも等しくなるように文を均衡させる傾向がある。ユゴーの文のような文についてなされた注釈を見ること：

　　Des enfants sont venus//qui chasseront Xerxès.
　　「子供たちがやって来た，彼らはクセルクセス王を追いかけるだろう。」
同じく，直接および間接補語のそれぞれの位置，あるいは関係詞節中での主語の倒置は，それらの相対的な長さにかかっている可能性があるだろう。しかし，上の1, 2, 3項は多少とも厳密な「法則」または「規則」を扱っていたのに対して，われわれはここでは文体的性格の選択の領域にいるということに留意する必要がある。それが表現力の豊かさの効果をもたらす範囲内で（ラ・ブリュイエールやユイスマンスのような作家を参照），ある混乱がつよく追求されることがあるのだ。ユイスマンスの作品の L'abbé, en tête de ses religieux, parut. 「大修道院長が，修道士たちの先頭に立って，現れた。」という文は，l'abbé parut, en tête de ses religieux. 「大修道院長が現れた，修道士たちの先頭に立って。」という語順なら作り出さないであろう「衝撃（ショック）」の効果をもたらしている。それは，前の場合は文の下降部が二音節に縮小されているからである；動詞の意味によって追求された効果と一致した短かさである。

結合された文，分割された文，同列の要素

　さまざまな連辞が，先取り効果なしに，互いにつながるように続いているとき，結合された文という用語を用いる。次の場合は，結合された文であろう：
«Les paysans se mirent à parler bas, ainsi que dans une chambre de malade.»
「農夫たちは小声で話し始めた，病室の中でのように。」次の場合は，分割された文である：

　　Les paysans, ainsi que dans une chambre de malade, se mirent à parler bas. (Huysmans)
　　「農夫たちは，病室の中でのように，小声で話し始めた。」
　　　　　　　　　　　　　　　　　　　　　　　　　（ユイスマンス）

　もっと重要な区別が，線形の文（それが，結合されていようと分割されていようと）と一連または数連の文法的に「同列の要素」を含む文との間に打ち立

てられる：つまり，いくつもの主語，いくつもの動詞，いくつもの平行する補語である。いくつかのヴァリエーションを除いて，同じ特徴的なイントネーションがまた現れるので，独特のイントネーションの効果が，ここで得られる。注意深い作家たちにあっては，線形の文から平行関係のある文への移行は，文体の本質的な因子である。

以下にその例として，順に注釈を施したヴォルテールの一節がある：

(1) Ce qui devient une révolution en Angleterre n'est qu'une sédition dans les autres pays. (2) Une ville prend les armes pour défendre ses privilèges, soit en Espagne, soit en Barbarie, soit en Turquie : (3) aussitôt des soldats mercenaires la subjuguent, des bourreaux la punissent, et le reste de la nation baise ses chaînes. (4) Les Français pensent que le gouvernement de cette île est plus orageux que la mer qui l'environne, et cela est vrai ; (5) mais c'est quand le roi commence la tempête, quand il veut se rendre le maître du vaisseau dont il n'est que le premier pilote.

(1) 結合された文で，知的な性格の発話に相当する。連関は，ce qui devient une révolition/en Angleterre という節と述部 n'est qu'une sédition/dans les autres pays との間に打ち立てられている。(2) 初めは結合された文であるが，三つの要素からなる語群 (soit ..., soit ..., soit ...) で終わっていて，次の文のよりゆったりした動きを誘発している。(3) 三つの平行する節：憤慨の強い感情的な動きに対応する槌打ち音の効果。(4) 結合された構造への回帰：知的なタイプの発話。(5) 論証への反論；全体の構造は，反論に重みを加えるために，二分されている (c'est quand ..., c'est quand ...)。しかし，論法に関することなので，これら二つの下位単位のそれぞれが，結合された構造であり，相関辞項の間に対応関係を含んでいる (Roi 主語, commence la tempête 述部；maître du vaisseau 主語の属詞, premier pilote 主語に対する事実上の同格)。

「(1) イギリスでは革命になることが，その他の国々では暴動でしかない。(2) 都市は，その特権を守るために武器を取る，スペインでも，バルバリ地域でも，トルコでも。(3) 直ちに，傭兵たちはその都市を屈服させ，死刑執行人たちが都市を罰し，国民の残りの人たちは自分たちをつなぐ鎖に口づけをする。(4)

この島の政府は，島を取り巻く海よりも大荒れだとフランス人は思う，そしてその通りだ。(5) しかし，それは王が嵐を始めるときであり，王が第一水先案内人でしかない船の船長になりたがっているときである。」

　二番目の例は，平行する諸要素の配置・長さそのものが文体的目的に対してどのように利用され得るかを示すであろう。

　... moi je me flatte peut-être, et vous serez plus touché de la rigueur et de la sévérité d'une autre, que vous ne l'avez été de mes faveurs ; est-il possible que vous serez enflammé par de mauvais traitement ? Mais avant que de vous engager dans une grande passion, pensez bien
　　– à l'excès de mes douleurs,
　　– à l'incertitude de mes projets,
　　– à la diversité de mes mouvements,
　　– à l'extravagance de mes lettres,
　　– à mes confiances,
　　– à mes désespoirs,
　　– à mes souhaits,
　　– à ma jalousie.　　　　　　(Guilleragues, *Lettres Portugaises*)
「・・・でも私は多分うぬぼれています，そしてあなたは私の好意に感動したよりも，他の女の厳しさ・冷たさにもっと感動するのでしょう；あなたがひどい扱いに憤慨するであろうことなんてあり得るのでしょうか？でも，激しい情念に身を投じる前に，よく考えて下さい，
　　− 私の苦悩の激しさを，
　　− 私の企ての不確実さを，
　　− 私の動揺の多様性を，
　　− 私の手紙の異常さを，
　　− 私の信頼を，
　　− 私の絶望を，
　　− 私の願いを，
　　− 私の嫉妬心を。」　　　　　　（ギユラーグ，『ポルトガル便り』）
　容易に気づくのは，線形構造から平行構造への移行であり，この平行構造は，厳しくて嫉妬深い恋する女の感情的な動きと一致している。しかし，だからと

いって分析は終わってはいない。同列の要素の数 (8 = 4 + 4) は、注目に値する。全体の対称性、四つで一まとまりという選択は、論拠を秩序だてて、言ってみれば厳しく論じ尽くそうという明白な意志に対応している。しかし、この「四角い」構造は、辞項の二分化によって「マイナーな」効果を生み出すように修正されている。つまり、これらの辞項は、初めの系列でのリズム上の二つの要素 (l'excès/de mes douleurs) に代わって、二番目の系列ではもはや一つの要素しかない (mes confiances)。複数と単数の働きと結びついて、このリズム上の追求は、作者が生み出したいと望んでいる悲痛な苦さの効果を見事に出している。

*
* *

したがって、文のリズム上の構造に関する研究の段階で、前に見たように、語順の問題全体を統御する二つの傾向の間の競争がまた見られるのである：すなわち、知的な傾向と感情的な傾向で、前者は対話者の理解力に適合した、論理的な展開を目指し、後者は豊かな表現性の追求に基づいている。言語によって一般的には使用者に、そして特に作家に提供される手段のこのような検討は、文体的分析の本質的な点の一つ、つまり音楽的かつ論理的な構成とみなされた文の研究の入門として役立ち得るであろう。

訳者あとがき

　本書は，Frédéric Deloffre : *LA PHRASE FRANÇAISE*, 7ᵉ édition, SEDES, 1990 の全訳である。原著は B6 版 145 ページの小冊子であるが，内容は，フランス語の文法・統語論・文体論を，「文」という観点から総合的に論じたものである。多くの興味深い考察が見られ，示唆に富む好著であって，フランスでも広く読まれ利用されているものである。教室での講義を中心にしてまとめたものらしく，説明の文などに，その名残がうかがえる。

　そのためであろうか，引用文の出典指示が不十分であり，作者名だけのものがほとんどであって，作品名や引用箇所などの指示がないのが惜しまれるところである。訳者が簡単に確認できたものについては，補って記入してあるが，未記入のままのものも少なくない。本書には十七世紀の引用が多いが，幸いにも，訳者の同僚である江花輝昭教授がモリエールの専門家であり，モリエール，ラシーヌとコルネイユの引用については，同氏を煩わし，作品名と引用箇所をすべて補うことができた。さらに，ラ・フォンテーヌの出典指示があるのも同氏のご好意によるものである。深く感謝申し上げる次第である。

　本書の原著を大学の教材として使ってみた結果，内容に重点をおいての講義であれば，訳出して使う以外にはないことを痛感するに至ったのが，翻訳の動機である。原著を用いての授業では，フランス語の文面理解に時間をとられすぎ，内容にまでは踏み込む余裕がなくなりがちだからである。いずれにしろ，本書がフランス語に関心のあるすべての方々に少しでも役立つなら訳者の喜びこれに過ぎるものはない。

　本書の出版をお引き受けくださった駿河台出版社の井田洋二社長，編集担当の上野名保子さんをはじめ関係者には，いつもながらたいへんお世話になりました。心からお礼申し上げます。

　　2002 年 2 月

　　　　　　　　　　　　　　　　　　　　　　　　　　　　　　訳　者

フランス語の文
文法・統語論・文体論の総合的研究入門

著 者
フレデリック・ドゥロッフル

訳 者
山田　秀男
（やま　だ　ひで　お）

略　歴
1934年生
1963年東大仏文科卒，同大学院修了
現在　獨協大学外国語学部教授

定価（本体1800円＋税）

2002. 9. 20　初版印刷
2002. 10. 1　初版発行

発行者　井　田　洋　二

〒101-0062 東京都千代田区神田駿河台3の7
発行所　電　話 03 (3291) 1676　FAX 03 (3291) 1675
　　　　振　替 00190-3-56669

株式会社　駿河台出版社

印刷／製本　(株)欧友社
ISBN　4-411-02210-9 C 3095　¥1800 E